ESCOLHAS (LITERÁRIAS) EM JOGO

Coleção Literatura e Educação

Organizadoras
Maria Zélia Versiani Machado
Aparecida Paiva
Aracy Alves Martins
Graça Paulino

ESCOLHAS (LITERÁRIAS) EM JOGO

Ceale* Centro de alfabetização, leitura e escrita
FaE / UFMG

autêntica

COORDENADORA DA COLEÇÃO LITERATURA E EDUCAÇÃO
Aparecida Paiva

CONSELHO EDITORIAL
Anne-Marie Chartier, Aracy Alves Matins, Graça Paulino, Magda Soares, Maria Zélia Versiani Machado, Regina Zilberman

COMISSÃO DE PUBLICAÇÕES
Aracy Alves Martins, Maria de Fátima Cardoso Gomes, Francisca Izabel Pereira Maciel, Maria Lúcia Castanheira

BOLSISTAS GPELL (TRABALHO DE DIGITAÇÃO)
Juliana Galvão Marques, Rosane Alves Martins da Silva Matta

PROJETO GRÁFICO DA CAPA
Marco Severo e Diogo Droschi

EDITORAÇÃO ELETRÔNICA
Luiz Flávio Pedrosa

REVISÃO
Dila Bragança

Revisado conforme o Novo Acordo Ortográfico.

AUTÊNTICA EDITORA LTDA.
Rua Aimorés, 981, 8º andar. Funcionários
30140-071. Belo Horizonte. MG
Tel: (55 31) 3222 68 19
TELEVENDAS: 0800 283 13 22
www.autenticaeditora.com.br

Dados Internacionais de Catalogação na Publicação (CIP)
(Câmara Brasileira do Livro)

Escolhas (literárias) em jogo / Maria Zélia Versiani Machado...[et al.] (orgs.). – Belo Horizonte : Ceale ; Autêntica Editora, 2009. – (Coleção Literatura e Educação)

Outros organizadores: Aparecida Paiva, Aracy Alves Martins, Graça Paulino

Bibliografia

ISBN 978-85-7526-410-2

1. Literatura - Estética 2. Literatura - História e crítica I. Machado, Maria Zélia Versiani. II. Paiva, Aparecida. III. Martins, Aracy Alves. IV. Paulino, Graça. V. Série.

09-05878 CDD-809

Índices para catálogo sistemático:
1. Literatura : História e crítica 809

SUMÁRIO

Apresentação

LEITORES "ESCOLHEDORES" E PRÁTICAS DE SELEÇÃO DE LIVROS DA LITERATURA
Maria Zélia Versiani Machado
Aracy Alves Martins 7

O JOGO DAS ESCOLHAS
Magda Soares 19

PRIMEIRA PARTE
Caminhos da leitura e modos de ler

Capítulo 1
A SELEÇÃO DE TEXTOS LITERÁRIOS EM TRÊS MODOS DE LER
Rildo Cosson 35

Capítulo 2
PRAZER À REVELIA: SOBRE A LEITURA DE *O PICAPAU AMARELO* NO ENSINO FUNDAMENTAL
João Luís Ceccantini 49

Capítulo 3
CONSTRUINDO CONDIÇÕES PARA ESCOLHAS: AS OFICINAS DE LITERACIA DO VALE DO MINHO
Maria de Lourdes Dionísio 81

Capítulo 4
CONSTRUINDO UM JOGO DE ESCOLHAS
Vera Teixeira de Aguiar 97

SEGUNDA PARTE
Escolhas do vestibular

Capítulo 5
ESCOLHAS DO VESTIBULAR: A QUESTÃO DOS CRITÉRIOS
Lígia Cademartori 109

Capítulo 6
SÓ FIA NAS ESCOLHAS...
Luiz Carlos Junqueira Maciel....119

Capítulo 7
LEITURA NECESSÁRIA
José Américo Miranda....127

Capítulo 8
AS ESCOLHAS DO VESTIBULAR:
DO CÂNON À PERIFERIA
Neusa Salim Miranda....137

TERCEIRA PARTE
Escolhas de quem escreve e de quem publica

Capítulo 9
A NÃO ESCOLHA
Leo Cunha....151

Capítulo 10
A ARQUITETURA DE UM CATÁLOGO
Annete Baldi....157

QUARTA PARTE
Da sala de aula às escolhas

Capítulo 11
TEXTOS VISUAIS E AS MEDIAÇÕES ESCOLARES:
DESENVOLVER A SENSIBILIDADE DA CRIANÇA
Ana Arlinda de Oliveira....169

Capítulo 12
DA SALA DE AULA PARA AS PÁGINAS DOS LIVROS
Sônia Travassos....181

Capítulo 13
POR QUE LER OS CONTOS DE FADAS EM SALA DE AULA:
POR QUE NÃO LI OS CONTOS DE FADAS EM SALA DE AULA?
Ana Cristina Pimenta Costa Val....189

Autores....201

Apresentação

LEITORES "ESCOLHEDORES" E PRÁTICAS DE SELEÇÃO DE LIVROS DA LITERATURA

Maria Zélia Versiani Machado
Aracy Alves Martins

> Aparentemente, nas democracias contemporâneas, a escolha só dependeria da liberdade do indivíduo-leitor. Excetuando-se a situação escolar, em que, via de regra, o aluno se vê obrigado a ler os textos que seu professor escolhe, os leitores parecem poder escolher as leituras que lhes aprouverem. Entretanto, essa livre iniciativa é ilusória: há práticas de seleção de leituras que determinam, em nossa sociedade, quais textos serão lidos, e quais indivíduos os lerão.
>
> Graça Paulino

Há aproximadamente 20 anos, Graça Paulino, no texto "Práticas de seleção de leituras", antecipava muitas das questões que hoje são discutidas neste livro. A pergunta que a autora buscava responder na reflexão proposta naquele momento era *por que as pessoas leem certos textos em vez de outros?* (Paulino; Walty, 1992). O que se esconde sob a imagem do livre arbítrio se revela, pouco a pouco, nesse pequeno-grande texto, como formas institucionalizadas que restringem as escolhas individuais. Essas escolhas, quando compreendidas como livres de injunções sociais e soberanas, escamoteiam sistemas excludentes, que deixam fora muitos leitores do universo cultural mais amplo.

Os textos que retomam a questão colocada acima, cada um a seu modo e sob diferentes perspectivas, mostram que escolher é atividade pessoal, sim, mas que sempre pressupõe um leque de escolhas. Pressuposição que aparece na própria significação do verbo escolher, quando a buscamos no dicionário. Nas três acepções apresentadas pelo dicionário Aurélio para o verbo 'escolher', por exemplo, encontramos:

> Escolher. [De es+colher (ê).] V.t.d. Dar preferência a; eleger; preferir. 2. Fazer seleção de, joeirar. T.d. e i.3. Optar (entre duas ou mais pessoas ou coisas); "Escolhe entre nós dois..." (Menotti del Picchia, As máscaras, p. LV) (Ferreira, 1999, p. 797).

Quando elegemos, estamos limitados àquilo ou àqueles que se colocam na condição de ser eleitos; quando selecionamos, estamos condicionados a um número de itens: objetos, pessoas, etc. que se submetem ou que se oferecem à seleção; quando optamos, igualmente somos levados a eliminar uma possível escolha em nome de outra, no universo de possibilidades. Há, assim, nas diferentes acepções da palavra, um indicativo de que a liberdade dos sujeitos nas suas escolhas, o que se costuma atribuir quando se diz que alguém escolheu este ou aquele caminho, este ou aquele livro, está condicionada por fatores que a preparam, por fatores que a possibilitam.

O leitor é um *escolhedor – [De escolher+-dor.] Adj. S.m. Que ou aquele que escolhe –*, que muitas vezes desconhece, ele mesmo, os processos ou as práticas de seleção que envolvem as suas escolhas particulares. Se, de um lado, encontram-se os leitores, prontos a fazer suas seleções, suas escolhas e suas opções, de outro, o campo da literatura para crianças e jovens se constitui segundo as regras que presidem o seu jogo específico e suas relações com o jogo mais amplo do campo literário sem um público definido: a literatura. O papel da escola enquanto instituição legitimadora de bens literários ganha destaque nesse complexo quadro, pois as práticas de leituras escolares têm um papel importante na formação do conjunto de disposições responsáveis pela apreciação dos livros da literatura que circulam socialmente. Desenvolveram-se, com mais ênfase nos últimos anos, aparatos diversos de consagração, legitimação e difusão de livros para crianças e jovens na sociedade. Entre eles ganham destaque concursos, premiações, grandes feiras, no bojo de políticas públicas de incentivo à leitura, iniciativas que conferem ao campo literário para crianças e jovens uma grande importância e promissores dividendos, simbólicos e econômicos.

A leitura literária depende, em grande medida, não só da compreensão das práticas que a conformam, como também da capacidade de interferir em formas cristalizadas de difusão dos bens culturais e, assim, possibilitar o surgimento e a renovação de disposições de alunos, professores, bibliotecários, editores, escritores, entre outros mediadores, todos eles escolhedores.

Daí o importante papel da escola nesse jogo de valores e regras tão complexo, quando se focaliza a leitura literária. Mais do que a crítica especializada, a escola ocupa uma posição definidora da consagração ou do esquecimento dos livros produzidos para os potenciais leitores em formação. A ampliação da compreensão da leitura literária e dos processos de escolha que a possibilitam ou a limitam traz à tona aspectos que passam despercebidos pela maioria dos leitores.

Os textos deste livro, como é de se esperar quando se trata de temáticas polêmicas, trazem respostas e formulam perguntas nem sempre consensuais quanto à concepção daquilo que designamos 'leitura literária'. No campo da educação, a expressão tornou-se passível de conotações variadas e conflitantes, abandonando uma visão ingênua, impregnada de valores e crenças edificantes, que a acompanhou durante muito tempo. Alguns dos textos "jogam mais lenha nessa fogueira", apontando, por exemplo, as regras que separam a leitura de entretenimento da leitura que se julga de qualidade nesse jogo sobre a formação de leitores.

Disposições para o jogo neste livro: escolhas literárias

Neste texto de apresentação se instauram as predisposições para o jogo. Aqui são dadas as cartas para que o leitor se disponha a escolher a porta de entrada nesse jogo, que significa tomar conhecimento sobre o que este livro tem a oferecer sobre escolhas literárias.

É característica do jogo esse gesto de dar as cartas, pois o autor, pelo modo de distribuir os ingredientes do jogo, se insinua e espera parceiros leitores para que esse jogo se instaure. Estes, por sua vez, se deixam conquistar (ou não) e se dispõem (ou não) a estabelecer um *pacto ficcional* (Eco, 1994) com o jogador autor, que se põe à mesa e que põe as cartas na mesa. Nesse sentido, seria a disposição à experiência, a *predisposição do leitor* (Escarpit, 1970) para a reconstrução de uma obra nova a partir dessas cartas, ainda que seja exercendo o seu poder de leitor, de *resistir, de transigir, de optar* (Walty, 1999).

O jogador que se senta à mesa ou entra em campo, para jogar, precisa de espaço para os seus movimentos. É imprescindível, diante da obra literária, que cada jogador construa a sua jogada, que lhe seja deixado o *espaço de fruição*, a possibilidade de uma dialética do desejo, de uma imprevisão no fruir: que os dados não estejam [todos] lançados, que exista um jogo (Barthes, 1974, p. 37). Ademais, Sartre reitera que o objeto literário é um estranho pião, que só existe em movimento. Para fazê-lo surgir, é necessário o ato concreto, deliberado, insubstituível do leitor jogador. Entretanto, é o próprio autor que lhe preserva a possibilidades de escolhas nesse movimento, já que a obra de arte, vista de qualquer ângulo, é um ato de confiança na liberdade dos homens (Sartre, 1993).

É o que Magda Soares propõe no texto de abertura "O Jogo das escolhas", jogando com o título do livro e invertendo-o, a fim de deslocar o foco de "escolhas" para "jogo", em suas possibilidades de perda e ganho, em especial o ganho do "leitor *real*". A autora aborda diferentes – e não excludentes – leituras como alternativas para a formação de leitores, crianças e jovens: a leitura de entretenimento, cuja escolha se pauta pelo critério do prazer, e a leitura dos clássicos, como forma necessária de diálogo com a cultura, que pode também ela se tornar prazerosa, lembrando que "prazer, o de ler como qualquer outro, não se ensina nem se pode impor, prazer **descobre-se**", restando, assim aos profissionais e às instâncias formadoras de leitores as possibilidades de oferecer as melhores condições para que essa descoberta e as escolhas sejam feitas.

Iniciando a **primeira parte** do livro – "**Caminhos da leitura e modos de ler**" –, Rildo Cosson, em "A seleção de textos literários em três modos de ler", discute três possíveis modos de leitura: a leitura como distração ou entretenimento; a leitura do texto em uma perspectiva estética, histórica ou cultural; e, por fim, a produção de sentidos por um leitor capaz de estabelecer relações contextuais e intertextuais com seu material de leitura. Considera-se no texto a expressão "modo de leitura", muito em voga no campo de estudos sobre a leitura na atualidade, não só como o procedimento, mas também como a função da leitura literária, processos que ocorrem simultaneamente no ato de ler.

Ainda sobre modos de ler, com o foco em uma leitura muito especial, João Luís Ceccantini, no texto que tem como título "Prazer à revelia: sobre a leitura de *O picapau amarelo* no ensino fundamental", traz uma experiência de recepção da obra de Lobato. Para o autor, o prazer na leitura de *O picapau amarelo* se mantém vivo quando se convida a ler a obra, contrariando aqueles que não mais acreditam nessa possibilidade fruidora por leitores jovens. As reflexões provenientes dessa experiência se orientam, como se pode prever, para a problematização das práticas escolares de leitura literária, que muitas vezes desacreditam no potencial dos leitores que formam.

Maria de Lourdes Dionísio, em "Construindo condições para escolhas: as oficinas de literacia do Vale do Minho", apresenta um projeto em espaço não escolar de formação de leitores, realizado em Portugal. Adolescentes com dificuldades escolares de leitura e escrita, participantes do projeto, interagiram com textos, não exclusivamente literários, situados em finalidades e funções sociais. Apoiando-se em práticas culturais diversificadas, buscou-se criar condições favoráveis à literacia, ao letramento, para contribuir para o bom desempenho dos jovens na leitura e na escrita de textos escolares. Percebe-se, assim, no projeto uma proposta formativa não escolar com claros objetivos de repercutir positivamente na formação escolar de sujeitos letrados, aos quais foi possibilitada a chance de apropriação de gêneros significativos em contextos de circulação social da leitura e da escrita.

Em "Construindo um jogo de escolhas", Vera Teixeira de Aguiar destaca a leitura como interação variável segundo os interesses dos leitores em diferentes fases do seu crescimento. Segundo esse foco, aponta-se a necessidade de se discutir a adequação dos livros, ou seja, a necessidade de se compreender aquilo que nos livros atrai as crianças e os jovens. A autora, com exemplos de livros da literatura, se aproxima de algumas fases de crescimento, desde a que antecede a alfabetização, quando se pode contar com a mediação da leitura pelo adulto. O texto discute essas questões com o cuidado de não estabelecer fronteiras entre as fases de formação dos leitores, alertando que, embora o caminho percorrido pelo leitor vá do mais simples ao mais complexo, *o leitor maduro pode sempre regressar com prazer à simplicidade dos objetos de leitura mais infantis.*

A **segunda parte** do livro trata das mais polêmicas e problemáticas modalidades de escolhas realizadas hoje em dia, em contexto brasileiro: "**Escolhas do vestibular**". Assim, Lígia Cademartori já inicia a discussão procurando buscar uma coerência relativa à "questão dos critérios", já que as listas de livros escolhidos para o vestibular supreendem não somente os especialistas, os professores, os alunos, mas também os autores que dessas listas participam. A autora, nesse sentido, lança uma questão crucial: o perfil do público que deverá ler as obras é levado em conta, [...] ou cabe aos vestibulandos alçarem-se à altura das obras? Numa discussão sobre a obscuridade dos critérios e o pluralismo da estética, a autora nos alerta para o fato de que no momento em que o poder dos intelectuais e dos artistas foi relativizado, é o mercado que surge como o novo paradigma de múltiplas escolhas, na era da informação com uma nova ordem cultural que se caracteriza pela heterogeneidade da cultura. Aponta, porém, alternativas de escolha, tais como: "a busca de novos parâmetros de leitura capazes de renovar conceitos nos leitores jovens, ao promover aventuras com o sentido, enfatizar diferenças, desestabilizar pontos de vista, estimular o conflito das interpretações, propiciar o diálogo do literário com outras formas de discurso", entre outras.

O significativo título "Só fia nas escolhas" é de Luiz Carlos Junqueira Maciel. Dividido em partes, cada uma joga um versinho e uma temática: em "uni duni tê", trata das surpresas nas escolhas para compor as listas para o vestibular, tanto dos antigos como dos novos autores; em "salamê minguê", apresenta os autores escolhidos, entre eles os cíclicos, que retornam sempre às listas, lamenta pelos rejeitados e ressalta a importância de possibilitar que os professores possam conhecer bem a matéria que irão trabalhar; em "sorvete colorê", o autor esclarece o trocadilho com base na obra *A escolha de Sofia*, representativa das escolhas difíceis, e discute as escolhas literárias para o vestibular da UFMG, em relação com outras universidades. O autor afirma, ao final, ainda fazendo trocadilhos, que, nos vestibulares, o que se cobra é rastejante; nunca corresponde às outras aladas possibilidades de fruição.

José Américo Miranda, no texto "Leitura necessária", considerando, com o filósofo Jean-Paul Sartre, que perceber, conceber, imaginar são os três tipos de consciência pelos quais um mesmo objeto nos pode ser dado, estabelece uma distinção entre o pensamento por formas (percebidas ou imaginadas) e o pensamento por categorias gerais: o pensamento das formas constitui a experiência estética, ao passo que o pensamento abstrato, por categorias ou conceitos, constitui a experiência do conhecimento, lembrando que pensar integralmente implica ter igualmente desenvolvidas as capacidades de percepção de formas e de pensamento abstrato – enfim, de um pensamento generalizante – e, ressaltando que as artes criam formas novas, ampliam o repertório das figuras, afinam, educam a capacidade perceptiva das pessoas. Entendendo a leitura de obras literárias como obras de arte, o autor situa a questão das escolhas das obras literárias para o vestibular, sejam elas clássicas, sejam contemporâneas, como leituras para recomendar a pessoas no limiar da idade adulta, no sentido de recomendar a melhor leitura possível – aquela que contribuirá para a formação de um adulto completo, ampliando-lhe e estimulando-lhe, ao mesmo tempo, a sensibilidade e a inteligência.

Neusa Salim Miranda, por sua vez, escolhe tratar a questão das "Escolhas do vestibular", pelo ponto de vista das tensões *entre o cânon e a periferia*, numa perspectiva sociocognitiva sobre a linguagem, partindo da capacidade simbólica, como algo perspectivo, referencial, intersubjetivo, socialmente aprendido, com base no papel das instituições e dos agentes educacionais nas escolhas dos jovens, inclusive na escolha de leituras literárias para o vestibular, pensando nas relações entre redes simbólicas e redes de escolhas. A autora defende que "há que escolher por eles e com eles, de modo a assegurar-lhes o direito de partilhar os bens simbólicos de uma cultura [...] de modo a formar leitores [professores] mais críticos e capazes de guiar seus alunos para além da autoajuda (ou falsa-ajuda?)". Considerando não apenas que o centro, o *cânon,* está no artefato simbólico reiterado e convencionalizado na cultura, por diferentes ordens discursivas, mas também que as redes de símbolos se movem e se renovam em cada cultura, a autora evidencia que cabe uma assimetria nessas escolhas em que o *cânon* tenha mais espaço. A autora propõe ultrapassar a ordem da ciência ou da arte, através de uma ética cidadã que, diante do jovem, lhe reconheça o direito de partilhar os bens simbólicos de uma cultura – direito de entrar no jogo dos saberes, sabores e poderes.

Na **terceira parte** estão as "**Escolhas de quem escreve e de quem publica**". Leo Cunha, escritor, inaugura esta parte, invertendo o jogo e tratando de "A não escolha". O autor faz uma espécie de depoimento pessoal, apresentando um pouco da sua história, de leitor a escritor, e as escolhas que marcaram esse caminho, pois considera que a **escolha** é um resultado direto das **opções** que a pessoa conhece na vida, por isso escolheu escrever livros tão diferentes. Em sua trajetória, desde a infância, "nadava em livros e revistas" e guardava seus favoritos. Na adolescência, era um ótimo indicador de livros, porque lia todos os livros da livraria: poesia, prosa, suspense, comédia, policial, aventura, terror, ficção científica, memórias, crônicas. Contatos diretos com autores de literatura infantil e juvenil, experiência com o teatro e recente estudo sobre cinema, tudo isso constrói certo ecletismo literário em sua produção que, segundo o autor, apresenta vantagens e desvantagens.

Pelo ponto de vista editorial, Annete Baldi, aborda "A arquitetura de um catálogo", comparando a formação de um leitor à construção de uma casa, em suas diversas fases: estrutura, acabamento, decoração, manutenção. Em se tratando da formação de um leitor, a poesia é considerada da primeira fase, como a base de formação na infância, por ser a porta de entrada para o mundo de sons e sentidos. São também considerados dessa fase os contos de encantamento, que funcionam de maneira confortadora, enquanto os contos modernos reviram a ordem tradicional. Mitos e lendas também fazem parte dessa fase infantil, pela capacidade de imaginação que instigam, assim como as narrativas do cotidiano, pela capacidade de identificação que estabelecem. As fábulas, por sua vez, como uma afirmação de teor universal reduzida a um caso particular, pode ser comparada à concepção de "ideia geral" que está presente em toda a obra de arte. O teatro, a metalinguagem e os livros de imagem fecham essa primeira fase. A segunda fase, de acabamento, retoma a primeira e se acrescentam aventura, mistério, horror, policial, ficção científica. A terceira fase é aquela em que o leitor, que já está entrando na vida adulta, faz suas próprias escolhas literárias, baseado em tudo o que já experimentou antes e no que percebe que mais se encaixa com o seu gosto pessoal. Finalmente, a quarta é a fase das releituras, seja para reafirmar o prazer das leituras anteriores, seja para revisar opiniões e pontos de vista. Nesse sentido, sendo o catálogo algo arquitetado, é preciso oferecer todos os tipos de texto, na melhor forma, escrita, recontada, adaptada ou ilustrada possível. Isso se faz a partir da garimpagem de um bom original, desenvolvimento de um projeto editorial e, enfim, que a editora realize escolhas acertadas que possam fazer diferença na história do leitor.

A **quarta parte,** dedicada à relação entre literatura e escola, aponta o caminho que vai "**Da sala de aula às escolhas**". "Os textos visuais e as mediações escolares: desenvolver a sensibilidade da criança" é o texto de Ana Arlinda de Oliveira. Nas discussões sobre letramento, a partir daquilo que chama de "Alfabetização estética", através de textos visuais, a autora pretende avançar, em relação a uma alfabetização voltada somente para a aquisição do código escrito. Sob o ponto de vista da semiótica discursiva, a autora enfatiza o texto visual como objeto de significação e como objeto de comunicação, ao mesmo tempo que enfatiza também a perfeita interação entre a literatura infantil e a arte, no sentido de educar o olhar e estimular a imaginação, seja em sua função expressiva/ética, seja em sua função estética, sobretudo daqueles que não têm acesso aos bens culturais. Esse é um cuidado que as mediações escolares precisam assumir.

Sônia Travassos, escritora e professora, salta "Da sala de aula para as páginas dos livros", perguntando-se, como professora, o que precisa fazer para os alunos embarcarem na leitura literária e descobrirem a sua beleza. Entre uma pergunta e outra, observa sua própria experiência, em um projeto de leitura em que os alunos interagiam em casa com os pais, daí surgindo o seu primeiro livro editado, sobre as temáticas da sua obra: as relações familiares, os limites do dia a dia, os sentimentos mais escondidos. Há ainda perguntas que se faz enquanto escritora:

que linguagem usar sem ser didática, sem fazer julgamentos, sem passar nenhum tipo de lição, mas, ao contrário, como ser lúdica, como falar do ponto de vista da criança, como deixar no texto espaço para o leitor imaginar, dialogar, pensar, sentir. Essa é uma escritora que parte da sua experiência enquanto leitora e escolhe escrever pensando na criança que vai ler.

Ana Cristina Costa Val aposta na leitura dos contos de fadas com os seus alunos e nos apresenta esse trabalho. Em "Por que ler os contos de fadas em sala de aula", a autora propõe o acesso à versão integral desses contos para que os jovens, além de passar pela experiência de leitura das narrativas, formadoras da sensibilidade, possam construir repertórios para o estabelecimento de diálogos entre essas produções específicas e outras que com elas mantêm um jogo intertextual, como é o caso de filmes que retomam personagens e outros elementos dos contos clássicos. A autora vê nos contos de fadas uma inesgotável fonte de referências de alto teor simbólico, renovada e atualizada continuamente por leitores de diferentes épocas.

É também característica do jogo uma busca de parceiros para que uma partida se institua e seja desafiadora, inquietante ou divertida. É uma busca incessante (há daqueles viciados!!!) por comunidades de leitores (Dionísio, 2000) que preexistam ou que possam ser construídas, seja em ambientes materiais, seja em ambientes virtuais.

Convidamos os leitores deste livro, a partir cada um, da sua posição em campo, da sua experiência – aluno, professor, bibliotecário, auxiliar de biblioteca, autor, editor, artista gráfico, mediador de quaisquer comunidades de leitores – para escolher sua jogada, pois a sorte está lançada.

Referências

BARTHES, Roland. *O prazer do texto*. Lisboa: Edições 70, 1974.

DIONÍSIO, Maria de Lourdes. *A construção escolar de comunidades de leitores: leituras do manual de português*. Coimbra: Almedina, 2000.

ECO, Umberto. *Seis passeios pelos bosques da ficção*. São Paulo: Companhia das Letras, 1994

ESCARPIT, Robert. Le littéraire et le social. In: ESCARPIT, Robert (Dir.) *Le littéraire et le social*. Paris: Flammarion, 1970. p. 9-41.

FERREIRA, Aurélio Buarque de Holanda. *Novo Aurélio Século XXI*: o dicionário da língua portuguesa. 3. ed. Totalmente revisada e ampliada. Rio de Janeiro: Nova Fronteira, 1999. p. 797.

PAULINO, Graça & WALTY, Ivete (Orgs.). *Teoria da literatura na escola: atualização para professores de I e II graus*. Belo Horizonte: UFMG/FALE/Dep. de Semiótica e Teoria da Literatura, 1992.

SARTRE, Jean-Paul. Que é escrever? Por que escrever? Que é a literatura? Tradução Carlos Felipe Moisés. São Paulo: Ática, 1993. p. 9-54.

WALTY, Ivete. Literatura e escola: antilições. In: EVANGELISTA, Aracy; BRINA, Heliana; MACHADO, Maria Zélia (Orgs). *A escolarização da leitura literária: o jogo do livro infantil e juvenil*. Belo Horizonte: Autêntica, 1999. p. 49-58.

O JOGO DAS ESCOLHAS

Magda Soares

Como já anuncia o título deste texto, o que se pretende propor é uma reflexão sobre uma outra faceta da questão que é tema deste livro, e para isso faço uma inversão do tema: em vez de *as escolhas em jogo*, proponho uma reflexão sobre *o jogo das escolhas*. Em lugar de o tópico ser "escolhas", em vez de pôr o foco *nas escolhas*, faço de "jogo" o tópico, ponho o foco *no jogo*; em lugar da expressão adverbial "em jogo", que se define como "em causa", "em discussão", uso a palavra "jogo" como substantivo, tomando como metáfora o significado dessa palavra na primeira acepção que lhe é atribuída no verbete do dicionário Aurélio: "atividade física ou mental organizada por um sistema de regras que definem a perda ou o ganho". Assim, formulando o tema deste texto como *o jogo das escolhas*, defino as escolhas como um jogo; parafraseando a definição do dicionário Aurélio, considero o jogo das escolhas como uma "atividade mental", que se organiza por um "sistema de regras" (talvez seja mais adequado dizer de *determinantes)* que regulam e dirigem ou a perda – a perda de um leitor *potencial*, ou o ganho – o ganho de um leitor *real*. De uma certa maneira, procuro colocar em discussão não *as escolhas*, mas *o jogo* por meio do qual elas são feitas.

Assim, este texto não discute as escolhas, as diversas instâncias de escolhas, no circuito dos livros para crianças e jovens; propõe uma reflexão mais genérica sobre o jogo que se desenrola em torno do *objeto e objetivo* das escolhas: as regras, ou os determinantes, no jogo em que as escolhas são feitas, de **o que** se escolhe, que depende de um outro determinante, o **para que** se escolhe; e uma reflexão sobre o jogo em torno dos *sujeitos* das escolhas: os determinantes que regulam **quem** escolhe, ou *para si* – a escolha pelo leitor, pela criança ou pelo jovem em formação, ou *para o outro* – a escolha por formadores de leitores (os editores, os professores, os bibliotecários, os especialistas...); finalmente, pretendo terminar com uma regra do jogo, sobre a qual creio que não há consenso, mas que gostaria de defender: a regra das *escolhas necessárias*.

Divido, assim, a exposição em três momentos – o jogo *do que e para que* se escolhe; o jogo *de quem* escolhe; finalmente, o jogo das *escolhas necessárias*.

O jogo das escolhas: o que e para que se escolhe

Tanto em *as **escolhas** em jogo*, o tema deste livro, quanto em *o jogo das **escolhas***, tema que estou propondo, falta-nos o complemento do substantivo *escolhas*: escolhas de quê? de livros, sim, e de livros para crianças e jovens, mas de livros de que natureza? estamos falando de que livros, no imenso e variado mundo de livros?

Não há dúvida de que estamos pensando em livros literários, estamos pensando em literatura, e porque ponho o foco no jogo, na atividade, não me centro no objeto: o livro, nem mesmo em um certo tipo de livro: o livro literário, mas na atividade que se desenvolve sobre esse objeto – a leitura, e nas diversas formas que essa atividade pode tomar, entre as quais a leitura literária é apenas uma.

Não vou correr o risco de me envolver na polêmica sobre o que é literatura, o que é leitura literária; apenas afirmo, sem me deter em discussões conceituais, e mesmo reconhecendo que há posições contrárias – há os que defendem que todo texto é literatura, há os que defendem que literatura é o que se caracterize como sendo literatura – mesmo reconhecendo essas e outras posições contrárias, afirmo minha posição de que há, sim, um corpo de livros e textos que são literatura, que constituem o campo literário, e que se distinguem inequivocamente de outros livros e textos que não podem ser considerados literatura. Assumindo a tendência atual de tomar a *evidência* como prova da *existência*, não se pode negar que há obras que, em meio a tudo que foi escrito, foram e são preservadas, vencem o tempo e os modismos e as chamadas "escolas literárias" – estas obras são literatura; e também não se pode negar que, ainda que gostos e preferências variem, há um consenso sobre as obras que pertencem ao campo literário: críticos, escritores, pesquisadores podem divergir sobre "os melhores romances mundiais", "os melhores escritores brasileiros", como acontece sempre nas enquetes e eleições promovidas pela mídia, mas nunca dirão que livros que constam das outras listas e estão ausentes da sua não são literatura. Há preferências, mas não há desacordo sobre que obras têm o *status* de literárias.

Dito isso, volto a propor que, em vez de nos centrarmos no objeto – no livro, no texto, na obra, centremo-nos na atividade que se desenvolve **com** esse objeto e **sobre** esse objeto: centrando na leitura, poderemos talvez tornar mais claro o jogo das escolhas.

A primeira questão que precisa ser respondida é: o que pretendemos, quando pretendemos envolver crianças e jovens com os livros? A resposta imediata, e óbvia, é: pretendemos formar leitores. Sim, mas leitores de quê?

Tenho insistido em que devemos tomar o verbo *ler* como verbo transitivo (Soares, 2009, p. 29-34): quem lê, lê um texto: a frase do *outdoor*, a legenda nos filmes, o rótulo na lata, a receita do bolo, o verbete do dicionário, da enciclopédia, um livro sobre a filosofia oriental, uma obra sobre a História do Ocidente, um gibi, a revista de amenidades, um *best seller*, Dostoievski, Guimarães Rosa, Shakespeare... Que complemento damos ao verbo *ler* quando participamos do jogo da leitura para crianças e jovens? que leitura queremos inserir na vida de crianças e jovens?

Talvez possamos, com um alto grau de simplificação, dizer que são três os tipos fundamentais de leitura: a *leitura funcional* – aquela por meio da qual conseguimos as informações e os conhecimentos necessários para que participemos de forma plena dos eventos de letramento que ocorrem na vida cotidiana e na vida profissional, em nossa sociedade grafocêntrica; a *leitura de entretenimento* – aquela que representa uma forma de lazer, aquela que se faz em busca de prazer, que traz satisfação emocional, identificações, ampliação do horizonte pessoal para outros mundos e outros seres humanos; e a *leitura literária* – aquela que questiona a significação, que busca o sentido, que persegue o valor mutante e mutável da palavra, que é dirigida pelo estético, que despreza o literal e valoriza o subjacente, o implícito, que se surpreende com a originalidade e a força criativa, que identifica no texto a condição humana.

Não são leituras excludentes: a leitura funcional pode proporcionar prazer e preencher horas de lazer, como o texto de entretenimento enriquece o leitor com informações e conhecimentos; o texto literário é também, obviamente, um texto de entretenimento: um texto literário pode ser buscado para uma leitura de entretenimento; o texto literário pode suscitar uma leitura funcional, como quando se toma a literatura como fonte para estudos históricos. A diferença fundamental não está propriamente **no texto**, está em **quem lê**, em **para que** lê, e, consequentemente, no **modo de ler**. Os três tipos de leitura são três modos de ler.

Na vida pessoal, na vida social, na vida profissional, esses três modos de ler têm presença diferenciada e respondem a necessidades e desejos diferentes.

Da leitura funcional precisamos todos, em sociedades grafocêntricas, e isso explica a urgência de uma população universalmente alfabetizada, escolarizada e letrada em leitura funcional.

A leitura literária, não há como negar (e é penoso ter de reconhecer), é, e sempre foi, um modo de ler minoritário: se a palavra *elite* não se tivesse tornado ultimamente pejorativa neste país, não seria improcedente dizer que a leitura literária é a leitura de uma elite que se insere, por gosto e vocação, no campo literário.

A leitura de entretenimento é para aqueles que encontram no livro um prazer suficiente para que com ele ocupem as horas de lazer, um prazer com força bastante para competir com as atrações do mundo midiático, do mundo esportivo, do mundo da sociabilidade.

Quando pretendemos formar leitores, fazer com que crianças e jovens se tornem leitores, a qual dessas leituras pretendemos?

Certamente pretendemos formar leitores competentes em leitura funcional, instrumento indispensável para a plena inserção no mundo social, de que é exigência a participação competente nas práticas de leitura em eventos de letramento da vida cotidiana e da vida profissional. Mas não é a essa leitura que nos referimos quando pensamos, como aqui fazemos, em *escolhas*: escolhas em jogo, jogo das escolhas; as habilidades de leitura funcional **têm de** ser desenvolvidas – leitura de diferentes gêneros informativos e comunicacionais, no ensino de todas as disciplinas do currículo – e nesta área não cabem escolhas.

E a leitura literária: é possível, é exequível, é realizável fazer de nossas crianças e jovens, de *todas* as crianças e *todos* os jovens, leitores literários? Não me parece que possamos dar uma resposta afirmativa a essa pergunta.

O escritor argentino César Aira, em texto publicado no suplemento Cultura, do jornal *La Nación* (2003), analisando as diferenças entre o livro literário e o *best seller*, diz que este tem, como objetivo, propor um entretenimento de massa usando a literatura como "suporte"; e acrescenta, atribuindo à palavra *literatura* dois sentidos diferentes, que o *best seller* "é algo assim como literatura destinada a quem não lê, ou não quer ler, literatura". O que, aliás, diz César Aira, e penso que não há como não concordar com ele, não é censurável – seria como censurar quem não queira praticar caça submarina... eu diria: seria como censurar quem não gosta de Mozart... e César Aira apresenta ainda outro argumento, talvez com algum exagero na percentagem: entre os que não se interessam por literatura, diz ele, estão noventa e nove por cento dos grandes homens da humanidade: heróis, santos, descobridores, estadistas, cientistas, artistas... Aira caracteriza assim o *best seller*, caso exemplar de leitura de entretenimento: "é material de leitura para aqueles que, se não existisse esse material, não leriam nada". E exemplifica dizendo que lamentar que alguém deixe de ler Henry James para ler Harold Robbins seria uma ingenuidade; "se não existisse Harold Robbins, seus não leitores não leriam Henry James; não leriam nada, simplesmente".

Trazendo o exemplo para a nossa realidade e as nossas preocupações com a formação de crianças e jovens para que se tornem leitores: lamentar que deixem de ler a saga do Sítio do Picapau Amarelo para ler a saga de Harry Potter seria uma ingenuidade; se não existisse Harry Potter, não leriam Monteiro Lobato, simplesmente não leriam nada... como muitos não liam nada, antes do aparecimento do *best seller Harry Potter*, que Harold Bloom (2009) criticou acidamente, já quando foi lançado o primeiro volume; mas também reconheceu, com a sua habitual ironia: "Pelo menos seus fãs ficam momentaneamente livres das telas de cinema, e assim também não esquecem totalmente a sensação de virar as páginas de um livro, qualquer que seja".

Dessas palavras, infiro que até mesmo Bloom prefere ver uma criança com um livro na mão, qualquer livro, a vê-la esquecida da sensação de virar as páginas de um livro. E concluo que, no jogo das escolhas, a leitura que devemos propor a crianças e jovens, se queremos vê-los a virar as páginas de um livro, é aquela que para eles possa representar entretenimento: proporcionar prazer, satisfazer o desejo de fantasia, de participar de outras vidas, leitura capaz de substituir sem sacrifício a tela do computador, os *videogames*...

Mas imediatamente relativizo essa conclusão, que de forma nenhuma supõe admitir que, ao tomar como critério fundamental, para as escolhas, o poder de entretenimento do livro, se menospreze qualidade literária. Se a leitura de entretenimento, que pode inserir a criança e o jovem no mundo dos livros pela via da descoberta do prazer de ler, for também leitura de livro literário, embora não se possa pretender da criança ou do jovem um *modo de ler literário*, uma leitura autenticamente e plenamente literária, pode-se propiciar-lhes a vivência do que é literatura, uma percepção, não reconhecida que seja, do que é literário no texto.

O jogo das escolhas: quem escolhe

E aqui se arma o jogo das escolhas, na complexa interação entre aqueles que pretendem formar leitores, os livros e as crianças e jovens – os leitores em formação.

Em tese, os que escrevem é que deveriam oferecer livros que, com valor literário, tivessem também o poder de atrair, seduzir, conquistar leitores infantis e juvenis. **Em tese**, os que editam e publicam é que deveriam selecionar, entre o que lhes é oferecido, aqueles livros com potencial ao mesmo tempo de entreter e de propiciar uma experiência literária. Finalmente, e mais importante, e também **em tese**, os que formam leitores – professores, bibliotecários – é que deveriam ter, além da *possibilidade* de escolher (que nem sempre têm, pela ausência ou precariedade dos livros e das bibliotecas nas escolas), a competência para escolhas capazes de possibilitar uma leitura de entretenimento que conquistasse leitores, mas também uma leitura literária que os introduzisse na apreciação e recepção estéticas.

Entretanto, se assumimos uma concepção dialógica de leitura, se reconhecemos, consequentemente, o caráter inteiramente pessoal da relação entre leitor, texto e autor, como escolher para o outro, de modo a garantir a esse outro uma relação positiva com o texto e a descoberta do prazer de ler?

Teríamos sido capazes de prever a relação positiva de nossas crianças e jovens com Harry Potter e a descoberta do prazer de ler por meio de tantos livros de tantas páginas, que Bloom (2009) acusa de mal-escritas e cheias de clichês?

Teremos nós, os formadores de leitores, a humildade de escolhas que adotem como fundamental o critério do poder de entreter, mantendo a esperança de que venha a acontecer com alguns, pelo menos com alguns de nossos leitores em formação, a construção progressiva de familiaridade com o texto literário, um caminhar em direção à conquista de percepção e sensibilidade literárias?

Teremos a tolerância e a paciência para aceitar, no início da trajetória de leitores, a preferência pela concretude do enredo, da ação, pelo explícito dos fatos, pelos usos diretos e literais da palavra, que constituem, para crianças e jovens, aquilo que entretém, envolve e seduz? seremos capazes de nos confortarmos com a esperança de que, progressivamente, vá emergindo a percepção do universal sob o particular dos sentimentos e emoções, a apreensão do implícito dos fatos, a sensibilidade para as polissemias e os sentidos cambiantes, enfim, para aquilo que torna literário um texto?

Deixo irrespondidas as perguntas, porque para elas não tenho respostas; na verdade, respondo-as com outras perguntas.

Recorde-se o que diz o escritor argentino César Aira a respeito do *best seller*, em citação já apresentada anteriormente: "é algo assim como literatura destinada a quem não lê, ou não quer ler, literatura". Não deveria ser também essa a destinação dos livros que oferecemos às nossas crianças e jovens, no propósito de torná-los leitores? livros que sejam "algo assim como literatura destinada a quem não lê, ou não quer ler, literatura"... Será isso censurável? Relembro que César Aira diz que não, em relação à leitura dos *best sellers*: "seria como censurar quem não queira praticar caça submarina"... A quem cabe definir se a leitura proporciona, ou não, prazer? a quem cabe decidir se é com a leitura ou com outra atividade que as horas de lazer serão ocupadas? Pode o prazer ser ensinado? ser imposto? Ou aos formadores de leitores só nos cabe oferecer condições – numerosas, ricas, promissoras – para que crianças e jovens tenham a possibilidade, a oportunidade de descobrir o prazer de ler? e nada mais nos resta senão nos conformarmos se isso não acontece, embora lamentando a grande perda que sofre um ser humano quando tal descoberta não lhe é propiciada?

Se as perguntas anteriores são autênticas perguntas, estas últimas são, com certeza foi percebido, perguntas retóricas; que fique clara minha resposta a elas: prazer, o de ler como qualquer outro, não se ensina nem se pode impor, prazer **descobre-se**; e os profissionais e as instâncias formadoras de leitores não podem pretender mais que oferecer as melhores condições para que essa descoberta seja feita – dessas condições é parte integrante e fundamental que as escolhas sejam feitas tomando como critério básico a possibilidade de que a leitura se revele prazerosa, sedutora, que tenha o poder de levar à descoberta do prazer de ler.

No entanto, nem tudo é só prazer, entretenimento, na área da leitura. E aqui chego à última reflexão que gostaria de fazer, já antes anunciada: uma reflexão sobre escolhas que eu consideraria necessárias, até imprescindíveis.

O jogo das escolhas necessárias

A despeito daquilo que vim propondo até agora – que o critério fundamental, no jogo das escolhas, seja o poder de atração e de sedução que os livros tenham, para que se tornem entretenimento, e assim formem leitores – defendo agora, aparentemente de forma contraditória, que um outro critério seja assumido: que, independentemente de sua possibilidade de constituir entretenimento, aqueles livros chamados "clássicos" sejam objeto de uma das regras do jogo de escolhas para crianças e jovens – leituras necessárias.

Por quê? Italo Calvino, em seu livro *Por que ler os clássicos* (1993), apresenta as suas razões por meio da caracterização dos clássicos, nas 14 propostas de definição com que abre a obra.

Mas as razões que ele apresenta para fundamentar a importância de ler os clássicos referem-se todas ao leitor maduro; segundo ele, "as leituras da juventude podem ser pouco profícuas pela impaciência, distração, inexperiência das instruções para o uso, inexperiência da vida", enquanto, ao contrário, "ler pela primeira vez um grande livro na idade madura é um prazer extraordinário" (Calvino, 1993, p. 10) – pode não ser, na juventude.

É também o que diz Ana Maria Machado, em *Como e por que ler os clássicos universais desde cedo* (2002, p. 13), quando afirma que

> [...] a infância é uma fase extremamente lúdica da vida e [...] nesse momento da existência humana, a gente faz a festa é com uma boa história bem contada. Não com sutilezas estilísticas, jogos literários ou modelos castiços do uso da língua – que poderão, mais tarde, fazer as delícias de um leitor maduro.

E reconhece que as obras clássicas "não estão ao alcance da compreensão imatura da garotada", e complementa: "O que interessa mesmo a esses jovens leitores que se aproximam da grande tradição literária é ficar conhecendo as histórias empolgantes de que somos feitos" (p. 12).

Quando defendo que os clássicos sejam escolhas **necessárias**, no jogo de escolhas para crianças e jovens, penso também em uma caracterização peculiar de "clássicos", preocupo-me não propriamente com a formação de leitores, mas com razões mais existenciais e culturais que propriamente literárias para aproximar os clássicos das crianças e jovens. Eu, na boa companhia de Ana Maria Machado, seria certamente vítima da crítica ácida de Harold Bloom, se ele estivesse a me ler, o que, felizmente, não passa de um risco imaginário... não que eu queira inserir os clássicos em "estudos culturais", postura que Bloom (2001, cap. 1) combate com sua habitual irônica energia. Como ele, defino os "clássicos" como "o que se preservou do que se escreveu"; apenas explicaria "o que se preservou" não apenas pelo critério estético, mas também pelo poder de criação de personagens, ações, frases, conceitos tão significativos, tão fortes que se incorporaram como metáforas à cultura, à linguagem.

A criança ou o jovem não podem deixar de saber a que nos referimos quando dizemos que alguém é um *Dom Quixote*, ou que uma atitude é *quixotesca*; quando ameaçamos um nariz de crescer, ao desconfiar de uma mentira, aludindo a Pinóquio, sem o mencionar; quando solicitamos que *alguém feche a torneirinha de asneiras*, que Emília abre com tanta frequência; quando dizemos que uma viagem foi uma *odisseia*; quando qualificamos algo como nosso *calcanhar de Aquiles*; quando, diante de um atraso, dizemos *agora é tarde, Inês é morta*; ou quando, diante de uma dúvida, repetimos *ser ou não ser, eis a questão*; ou quando chamamos aquele vírus que nos ataca o computador de *cavalo de Troia*... quando caracterizamos uma situação como *kafkiana*... os exemplos são numerosos de metáforas literárias que passam a fazer parte do discurso coletivo, em um quase infinito jogo de intertextualidades.

Daí a importância de incluir, no jogo das escolhas, clássicos entendidos não propriamente como obras que propiciem entretenimento, mas fundamentalmente como obras que é preciso conhecer, porque são frequentemente mencionadas, porque permitem a plena compreensão de referências intertextuais, de metáforas que circulam no discurso cotidiano, nos jornais, nas revistas, nos próprios livros lidos por prazer e como lazer. Mas nossas crianças e jovens não estão maduros o suficiente para ler Dom Quixote, ou a Odisseia, ou Os Lusíadas, ou Hamlet, ou Kafka... e nossas crianças e jovens andam resistindo à leitura de Monteiro Lobato... Aqui cabe o apelo sem constrangimento às adaptações (em que muito do literário se perde), até mesmo às narrativas orais sobre livros e personagens – atividades cujo principal objetivo não é propriamente formar leitores, mas desenvolver conhecimentos que fazem parte da cultura letrada em que pretendemos inserir crianças e jovens.

Proposta que exclui, naturalmente, uma tendência que parece vir se firmando nos últimos tempos, à medida que outros meios vêm competindo com a palavra escrita – a tendência a lançar mão de recursos que permitam **falar** sobre clássicos, sem os ter lido; indicativo dessa tendência – e evito mencionar os resumos de obras indicadas para os vestibulares... – é o livro que, publicado recentemente na França, foi logo campeão de vendas, traduzido para várias línguas, entre elas o português, sátira escrita por Pierre Bayard (2008), professor de literatura na Universidade de Paris: *Como falar dos livros que não lemos?*

E proposta que também rejeita a ideia muito difundida de que ler os clássicos não é um prazer, mas um dever, um tedioso componente curricular nos cursos de literatura, ideia contra a qual se rebela Bloom e é claramente combatida em outra obra publicada recentemente, pelo crítico literário norte-americano Michael Dirda (2007) – o título do livro já é significativo: *Classics for pleasure*; não é preciso dizer que esta não foi campeã de vendas nem foi traduzida para várias línguas...

Resumindo e concluindo

Procurei propor, neste texto, na perspectiva de um *jogo das escolhas*, duas alternativas para a formação de leitores, crianças e jovens: de um lado, a leitura de entretenimento, em que a regra principal da escolha seja o critério do prazer, embora sem abandonar o critério do literário; de outro lado, a leitura de clássicos, em que a regra da escolha é a necessidade de conhecimentos literários que se incorporaram à cultura e à linguagem.

São nada mais que reflexões, ideias sobre as quais nem eu mesma tenho muita certeza – o campo do letramento literário é complexo, polêmico, impreciso. Fico tentada a plagiar uma estratégia que Neil Postman, grande estudioso do que ele chama "ecologia da mídia", confessou ter sido tentado a usar em seus primeiros livros; relato a estratégia, para poder aderir a ela.

No fim dos anos 1960, Postman (1969) publicou, em coautoria com Charles Weingartner, um livro que causou grande impacto na educação norte-americana e, traduzido que foi para o português, teve grande influência também entre nós: *Teaching as a subversive activity* (traduzido como *O ensino como uma atividade contestadora*, em época em que, aqui, o adjetivo *subversivo* certamente faria o livro ser censurado – estávamos em plena ditadura militar...).

Dez anos depois, no fim dos anos 1970, Postman (1979) publica *Teaching as a conserving activity* (O ensino como uma atividade conservadora, não traduzido para o português, que o francês traduziu como *Enseigner c'est résister* [1981]), livro em que a perspectiva anterior sobre o ensino sofre uma mudança radical: de atividade subversiva a atividade conservadora. No Prólogo deste segundo livro, Postman confessa que, ao escrever, com Weingartner, o primeiro, ambos sentiam que, a cada argumento que construíam, logo se opunha um contra-argumento, cada ideia que lhes parecia verdadeira imediatamente suscitava a ideia oposta, ou outra alternativa, igualmente verdadeira, tanto que pensaram que o livro deveria terminar não com um FIM, mas com a frase: *ou vice-versa*. E Postman declara que *Teaching as a conserving activity* era o vice-versa a *Teaching as a subversive activity*.

Identifico-me com essa desconfiança em relação a tudo que escrevo: sempre me ocorre que poderia ser vice-versa. Não sei se algum dia escreverei um texto defendendo o vice-versa do que propus aqui, mas como já sinto a ameaça de alguns contra-argumentos, já fui assaltada por outras alternativas que talvez sejam igualmente verdadeiras, previno-me, de mim mesma e, espertamente, também daqueles que estejam em desacordo comigo, terminando este texto com:

ou vice-versa.

Referências

AIRA, César. Best sellers y literatura, vigencia de un debate. *La Nación*, Suplemento Cultura, 28 de dezembro de 2003. Disponível em: <www.lanacion.com.ar/nota.asp?nota_id=558796≥. Acesso em: 30 mar. 2009.

BAYARD, Pierre. *Como falar dos livros que não lemos?* Trad. Rejane Janowitzer. Rio de Janeiro: Objetiva, 2008.

BLOOM, Harold. Can 35 million book buyers be wrong? Yes. *Wall Street Journal*, 7/11/2000. Disponível em vários sites da *web*, entre eles: <http://wrt-brooke.syr.edu/courses/205.03/bloom.html>. Acesso em 30 mar. 2009.

BLOOM, Harold. *O cânone ocidental*. Trad. Marcos Santarrita. Rio de Janeiro: Objetiva, 2001.

CALVINO, Italo. *Por que ler os clássicos*. Trad. Nilson Moulin. São Paulo: Companhia das Letras, 1993.

DIRDA, Michael. *Classics for pleasure*. New York: Harcourt, 2007.

MACHADO, Ana Maria. *Como e por que ler os clássicos universais desde cedo*. Rio de Janeiro: Objetiva, 2002.

POSTMAN, Neil. *Enseigner c'est résister*. Trad. J. Chambert. D.J. Piveteau. Paris: Le Centurion, 1981.

POSTMAN, Neil. *Teaching as a conserving activity*. New York: Delacorte Press, 1979.

POSTMAN, Neil; WEINGARTNER, Charles. *Teaching as a subversive activity*. New York: Dell Publishing Co., 1969.

SOARES, Magda. Ler, verbo transitivo. In: PAIVA, Aparecida *et al.* (Orgs.). *Leitura literária: discursos transitivos*. Belo Horizonte: Ceale; Autêntica, 2005.

Primeira parte

CAMINHOS DA LEITURA E MODOS DE LER

Capítulo I
A SELEÇÃO DE TEXTOS LITERÁRIOS EM TRÊS MODOS DE LER

Rildo Cosson

- Eu sou um leitor, só um leitor, não um autor - [...]
- Isso me dá muito gosto. Verdadeiros leitores,
encontro-os cada vez menos.
Se um viajante em uma noite de inverno -
Italo Calvino

Recém-casada e mal conhecendo o marido, a personagem-narradora de *O quarto de Barba-Azul*, de Ângela Carter (2000), passeia pelo castelo até chegar à rica biblioteca com fileiras e fileiras de estantes, livros encadernados em pele de carneiro e dourado nas lombadas. Dentre os títulos que menciona estão *A iniciação*, *A chave dos mistérios* e *O segredo da caixa de Pandora*. Nenhum deles lhe interessa. Teria preferido, diz a personagem, "um romance de papel barato". Mas eis que chama a sua atenção um pequeno volume intitulado *As aventuras de Eulália no harém do grande turco*, no qual encontra duas ilustrações eróticas e perturbadoras, a primeira possui a legenda "Castigo da curiosidade" e a segunda "Imolação das mulheres do sultão".

A personagem, nesse momento, parece selecionar o livro e as gravuras aleatoriamente, mas o leitor, que está consciente de que a novela é uma reescritura de um conto popular, sabe que essa escolha nada tem de gratuita e que obedece pelo menos a três outras escolhas. A primeira é a escolha do inconsciente, isto é, mesmo que não seja uma escolha deliberada, a personagem desvela nessas obras o destino das esposas anteriores do Barba Azul e talvez o seu próprio. A segunda é a escolha do autor em enfatizar esses livros de forma a oferecer ao leitor uma antecipação do enredo e garantir com ela a coerência da história. Trata-se, como se aprende em narratologia, de um artifício narrativo conhecido como *mise en abyme*. A terceira é a escolha do leitor em referendar o pacto narrativo proposto pelo autor e ler nesses detalhes da história o intertexto anunciado, contextualizando o conto de fadas e a novela dentro de suas referências culturais.

Essas escolhas deixam claro que o aparentemente simples gesto de retirar um livro da estante feito pela terceira esposa do Barba-Azul, aquela que nos conta a história do marido cruel, envolve outras tantas escolhas. Com isso, fica claro que selecionar uma obra literária, dentro da ficção (como faz a personagem), na sua construção (como fez o autor), ou fora dela (como faria o nosso leitor), é um gesto complexo e que, apenas por comodidade ou em situações muito específicas, podemos supor que a escolha de um livro tenha sido aleatória.

Para discutir como as escolhas do leitor se apresentam no campo literário, propomos realizar uma reflexão baseada na associação entre esses três gestos e três possíveis modos de leitura. O primeiro é a leitura como distração ou entretenimento que é buscada pela personagem. O segundo se fixa na investigação das estratégias de elaboração e recepção do texto em uma perspectiva estética, histórica ou cultural. O terceiro é a ação do leitor como produtor de sentidos capaz de estabelecer relações contextuais e intertextuais com seu material de leitura.

Antes de discutir esses modos de leitura e os objetos e critérios de seleção a eles associados, convém esclarecer, rapidamente, o que estamos designando como modo de leitura. A expressão modo ou tipo de leitura é comum tanto nos livros de metodologia científica quanto nos textos dos estudiosos da linguagem, passando pelos manuais de informática e de outras áreas. Não é necessário fazer um levantamento exaustivo do uso da expressão para compreender que ela recobre vários aspectos da relação entre leitor e texto, com destaque para as funções e os procedimentos de leitura. No caso das funções, há a leitura para entretenimento, a leitura para benefícios práticos e a leitura para entendimento.[1] No caso dos procedimentos, há a leitura panorâmica (*skimming*) e a leitura analítica (*scanning*),[2] para ficarmos com um par bem conhecido. Na maioria dos textos que usam a expressão, entretanto, função e procedimento estão misturados na classificação adotada.[3] Em nossa proposta, estamos considerando que o modo de leitura refere-se simultaneamente ao procedimento e à função da leitura. Também estamos assumindo que esses três modos de leitura são práticas efetivas do campo literário, ainda que não esgotem as possibilidades de interação entre o leitor e a literatura.

A seleção do livro para entretenimento

Voltemos ao trecho citado para lembrar que a personagem de *O quarto de Barba-Azul* passeia pela imensa biblioteca de seu marido e olha os livros ricamente encadernados que não conhece e nem lhe despertam interesse. Não porque considere que esses livros não tenham valor, mas sim porque preferiria, para aquele momento em que se sente meio perdida na nova casa, simplesmente "um romance de papel barato", desses que teria comprado na estação de trem para ocupar os olhos e os pensamentos enquanto esperasse a hora da partida.

---

[1] Retiramos essa classificação do livro de BOOTH; COLOMB; WILLIAMS (1995).

[2] Medeiros (2005) sugere esses dois tipos e mais três: leitura de estudo, leitura crítica e leitura do significado.

[3] É o que acontece com a proposta bem conhecida de Wanderley Geraldi (1991), que distingue quatro tipos de leitura: leitura em busca de informações, leitura de estudo de texto, leitura do texto como pretexto e leitura de fruição.

Trata-se, assim, de uma leitura que se destina a distrair o leitor, proporcionando-lhe entretenimento. O que movimenta essa leitura é a curiosidade do leitor, e seu processamento consiste no desvelamento progressivo das informações do texto, na descoberta das ações, espaços, tempos e personagens de um mundo feito de palavras, mas nem por isso menos verdadeiro ou por isso mesmo mais intensamente verdadeiro. Como é um modo de leitura que tem como mecanismo básico descobrir o que diz o texto sobre o mundo que encena, ele não se detém sobre a linguagem, nem considera a autoria como elementos relevantes na leitura. Não se trata de superficialidade como se costuma pensar, mas sim de um compromisso primeiro e prioritário com a identificação desse mundo encenado. A leitura é de distração, mas o leitor precisa engajar-se de alguma forma no processo de descoberta que ela demanda para gerar o entretenimento.

A escolha de textos para esse tipo de leitura está baseada, em primeiro lugar, em seus aspectos externos: título, na capa e no tema do livro. Internamente, são relevantes, no caso das narrativas, a trama e o ritmo do desenvolvimento da história, e, igualmente para os textos poéticos, a possibilidade de identificação com as personagens ou o eu lírico, a legibilidade do texto e certo distanciamento da realidade imediata do leitor.

Esses critérios podem ser aplicados a qualquer *corpus* de obras, mas parecem funcionar melhor com as obras identificadas com a literatura popular ou a literatura de massa, assim como também é esse tipo de texto que melhor se ajusta ao objetivo desse modo de leitura. Tanto que a aplicação do modo de leitura como entretenimento na leitura de textos complexos ou canônicos não se faz sem gerar equívocos seja na apreciação do valor do texto, seja no rendimento da leitura. É a esses equívocos que Maria Inês B. Campos, a partir da análise dos dados de uma pesquisa realizada com estudantes do ensino médio, refere-se ao dizer que os alunos "pretendem ler *Dom Casmurro* como consumiram, por exemplo, *A marca de uma lágrima*. Consequência: só se interessam em saber se Capitu traiu ou não Bentinho, sem perceber o texto literário como um trabalho de linguagem" (Campos, 1999, p. 92).

Ainda que não se tenha um consenso sobre a natureza desses equívocos,[4] é certo que as questões que levantam estão estreitamente ligadas ao baixo prestígio cultural da literatura popular ou de massa que o modo de leitura de entretenimento assume como objeto preferencial. Essas obras são usualmente mais simples do ponto de vista de sua elaboração e consideradas como produto das imposições do mercado e não da criação artística. Tanto é assim que a seleção delas, apesar de percebida pelo leitor como um gesto autônomo, costuma ser denunciada como consequência das restrições a determinados temas, considerados pouco vendáveis ou inadequados para este ou aquele público; dos mecanismos de publicidade que fazem do livro uma mercadoria; e da padronização de gostos e leitores, enfim, promovida pela indústria cultural.

É por força dessa associação com a literatura de massa, além de se considerar que seus critérios de seleção são pré-construídos pelo mercado, que o modo de leitura de entretenimento é recusado ou, pelo menos, tomado com inadequado na escola. Luiz Percival Britto, por exemplo, enfatiza a passividade que as práticas de leitura de entretenimento produzem, gerando um conhecimento "essencialmente de aceitação de uma representação de mundo em que as coisas são naturalmente como são" (Brito, 2001, p. 88). Um pouco menos incisiva, Joana Fhiladelpho argumenta que não se deve proibir os textos da literatura de massa, mas que é importante que se dê aos leitores "a possibilidade de discernir

---

[4] Márcia Abreu (2000, p. 129), por exemplo, relata o caso de uma leitora de *Sabrina* para quem "Machado de Assis pecava por ser muito descritivo, por não saber estruturar uma história envolvente, indo e vindo ao mesmo assunto", o que leva o consagrado autor a perder o interesse dessa leitora em comparação com os autores de novelas sentimentais. Abreu, entretanto, considera que as estratégias de leitura dessa leitora devem ser valorizadas em nome da diversidade e do reconhecimento do outro como diferente.

os limites que os objetivos das obras de consumo impõem à formação de um leitor que seja simultaneamente crítico da cultura, e a potencialidade que a arte contém de favorecer a construção desse leitor" (Philadelphio, 2003, p. 217).

Nessa recusa da leitura como entretenimento ignora-se que é por meio dos processos de seleção e estratégias dessa leitura de entretenimento que os leitores constroem um repertório de referências culturais. Também se toma o leitor como um consumidor pouco exigente ou incapaz de resistir à sedução da literatura de massa e dos mecanismos de sua comercialização. O leitor é tido como personagem, uma criação de outra pessoa, e a leitura como uma relação passiva. Deixa-se de lado, ainda, que o princípio de gratuidade dessa leitura é semelhante ao que se emprega para definir a leitura da arte, ou seja, a leitura desinteressada ou que se encerra em si mesma.

Frente ao exposto, pode-se concluir que a seleção de textos do modo de leitura de entretenimento não é nem o gesto simples de escolha que suas estratégias parecem informar, nem uma mera imposição da indústria cultural. Escolher um livro para a leitura de entretenimento é parte da formação do leitor literário porque nesse modo de leitura o leitor se assume como agente, amplia suas referências culturais e aprende a ler intransitivamente, ou seja, a ler para ler.

A seleção do livro como objeto estético e cultural

Se, ao escolher uma obra em um gesto aparentemente aleatório, a personagem de *O quarto de Barba Azul* sintetiza parte da história que está sendo contada, a explicitação de tal recurso requer um saber sobre a construção de narrativas e uma leitura que se preocupe com o desvelamento dos mecanismos do texto. É a essa leitura voltada para a linguagem do texto e a sua elaboração como um objeto estético e cultural que chamamos de modo de leitura de investigação.

Trata-se de um modo de ler que demanda a aprendizagem de determinadas estratégias de leitura, ou seja, o leitor precisa desenvolver uma competência para realizar essa leitura. Os seus procedimentos envolvem, ainda que nem sempre claramente explicitados, teorias ou pressupostos que orientam o tratamento analítico do texto dentro de determinadas perspectivas críticas. A complexidade do texto é o seu motor, pois é uma leitura que se faz repetida e lentamente. Também tem um forte apreço pelo caráter histórico do texto por meio do qual se enfatiza a singularidade das obras.

É uma leitura feita para conhecer e avaliar autores, obras e dados culturais significativos para uma comunidade de leitores. Por essa razão, seus critérios de seleção são fortemente determinados por valores culturais e dentro de um conjunto de obras mais ou menos limitado identificado como cânone, ou seja, o conjunto das obras que sintetizam as realizações estéticas, a herança cultural ou pelo menos a literatura representativa de um país.

Como na leitura de entretenimento, o modo da leitura de investigação pode ser aplicado a qualquer *corpus*, como os estudos culturais têm provado, mas encontra-se estreitamente associado às obras mais complexas que possibilitam a aquisição de conhecimentos linguísticos e culturais que não se encontram facilmente em outros tipos de textos. Ou seja, o objetivo de aprendizagem desse modo de leitura tem nas obras complexas o seu objeto ideal, o seu maior rendimento.

Dados os objetivos específicos e previamente estabelecidos da leitura de investigação, os seus critérios de seleção são percebidos como escolhas que não passam pelo leitor enquanto indivíduo. Ainda assim é o modo de ler que se associa a um leitor ativo e autônomo porque bem-informado. Mais uma vez, é menos o modo de leitura e mais o seu objeto preferencial que informa tal percepção. De tal forma que a seleção da leitura de entretenimento apenas aparentemente se efetiva a partir de uma enorme quantidade de textos, pois se verifica que esses textos são excessivamente uniformes em sua elaboração – é a padronização imposta pelo mercado; e a seleção da leitura de investigação possui um número limitado de textos, mas são textos muito distintos entre si – é a singularidade das obras do cânone. Parece ser em nome dessa distinção que se aconselha aos professores evitar o "democratismo pedagógico" e promover pela leitura do cânone "uma aproximação com um domínio da linguagem verbal capaz de transformar, pela riqueza de suas diversidades, o aluno no sujeito com que todos sonhamos: aquele que, ao fazer uso da linguagem, exercita continuamente sua liberdade" (Frederico; Osakabe, 2004, p. 80).

Na defesa das obras canônicas, os estudiosos costumam minimizar o fato de que a construção do cânone, como a chamada "guerra do cânone" (Donatio, 2007) evidenciou, possui um caráter político que envolve questões de gênero, etnia, classe social e identidade cultural além dos declarados valores estéticos. Nesse sentido, seus critérios de seleção, longe de ser decisões incontestáveis, devem ser colocados à prova e podem ser revistos. Da mesma maneira, deve-se reconhecer que o modo de leitura de investigação e as obras que a ele se ajustam estão plenos de historicidade, tornando, por isso, o gesto de selecionar e ler desse modo essas obras um gesto culturalmente legitimado e legitimador.

Por outro lado, se a leitura de investigação demanda saberes específicos e obras complexas, nem por isso se justifica a acusação comum de uma suposta perda do prazer de ler que estaria implícito na leitura de entretenimento. Na verdade, o modo de leitura de investigação leva a curiosidade e o prazer da descoberta presente na leitura de entretenimento a um nível de explicitação, logo de racionalização do objeto e da prática da leitura. Esse procedimento não destrói em absoluto o prazer de ler, apenas nos torna mais conscientes do objeto e dos mecanismos da leitura.

Em suma, a seleção de textos do modo de leitura de investigação é um gesto complexo seja porque requer conhecimentos e habilidades específicas, seja porque por meio dele se traçam, refazem ou confirmam os limites do cânone e, por extensão, daquilo que se considera valioso o suficiente para ser transmitido às próximas gerações de leitores. Nesse sentido, ao escolher um livro para a leitura de investigação, o leitor não lê apenas para si mesmo, mas também para a comunidade na qual assume o papel de especialista em literatura, derivando desse saber e da instituição que o promove a legitimidade de sua seleção.

A leitura como construção de sentidos

A leitura como construção de sentidos, a ação do leitor como produtor de sentidos, localiza-se entre os dois modos anteriores, requerendo tanto o interesse da literatura de entretenimento quanto o conhecimento da leitura como investigação. Não se trata, entretanto, de uma mera composição entre esses dois modos de ler, mas sim o reconhecimento de que as fronteiras entre os diferentes modos de leitura e seus objetos são móveis e que, longe de se opor, elas podem ser produtivamente integradas numa terceira via: a leitura que se faz do texto, do contexto e do intertexto da obra e dela se obtém a experiência literária.

Um primeiro aspecto a se considerar nesse modo de leitura é a relação íntima e pessoal que o leitor estabelece com o texto. Sem esse contato, que pode e deve ser promovido de várias maneiras, ele não tem condição de se efetivar. É esse engajamento do leitor com a obra que move esse modo de leitura. De tal forma que, independentemente do prestígio cultural do texto ou da curiosidade que o mundo nele encenado possa despertar, a leitura como construção de sentidos só se inicia quando o leitor encontra no texto a possibilidade de interação, de "engajar-se em um diálogo com o texto, de incorporá-lo a sua própria linguagem e sociedade, de responder ao texto como se tivesse uma voz que falasse diretamente para o leitor" (Hunt, 1991, tradução nossa).

Depois, a leitura como construção dos sentidos se faz indagando ao texto quem e quando diz, o que diz, como diz, para que diz e para quem diz. Respostas que só podem ser obtidas quando se examinam os detalhes do texto, configura-se um contexto e se insere a obra em um diálogo com outros tantos textos. Tais procedimentos informam que o objetivo desse modo de ler passa pelo desvelamento das informações do texto e pela aprendizagem de estratégias de leitura para chegar à formação do repertório do leitor – repertório em seu sentido complexo de inventário de obras, herança cultural e conhecimento dos elementos oferecidos pelo sistema literário para manipular a leitura e a escrita de obras literárias (Even-Zohar, 2005).

Por conta da formação do repertório literário, o modo de leitura da construção de sentidos acolhe como seus os critérios de seleção da história do leitor entendida como um processo temporal que envolve escolhas de obras em diferentes momentos e sob diferentes critérios. Nesse modo de ler, o gesto de selecionar é uma resposta às demandas do presente, assim como uma releitura do passado e uma projeção do futuro. Se é verdade que lemos baseados na memória das nossas leituras, ou como diz Alberto Manguel (1997, p. 33), "ler é cumulativo e avança em progressão geométrica: cada leitura nova baseia-se no que o leitor leu antes", esse avanço não é linear, nem cego ao futuro ou controlado pelo passado. Nossas escolhas de leitor, como as escolhas da vida, dizem respeito essencialmente ao que estamos vivendo no presente, mas também ao que pretendemos ler no futuro e à maneira como refazemos, a cada novo livro lido, as nossas leituras do passado.[5]

Esse percurso de formação do leitor, ainda que individual, não é feito isoladamente. Ao contrário, ele depende de uma comunidade de leitores – uma instância que fixa e organiza a posição das obras, as formas legitimadas de ler, o valor cultural dos textos, os repertórios de leitura, enfim. Ao ingressar nessas

---

[5] Esta leitura da história do leitor está baseada nos argumentos desenvolvidos por Michael Lewis (1999) para explicar o desenvolvimento psicológico do ser humano.

comunidades, que são várias, o leitor incorpora, modifica ou recusa modos de ler, modelos de funcionamento dos textos e valores do mundo literário. Como já dissemos em outro lugar, a leitura é um ato solitário, mas a construção do sentido é um ato solidário (Cosson, 2006).

Da mesma forma, a leitura para construção não tem um texto preferencial, um *corpus* que melhor se ajuste a seus procedimentos e objetivos. A responsabilidade das escolhas é dividida entre leitor e comunidade, compreendendo-se que, por um lado, "a leitura não é jamais limitada, não podendo, assim, ser deduzida dos textos dos quais ela se apropria" e, por outro, "as táticas dos leitores, insinuadas nesse 'lugar próprio' produzido pelas estratégias da escrita, obedecem a regras, lógicas e modelos" (Chartier, 1999, p. 27).

Em síntese, as escolhas de um leitor no campo literário estão relacionadas não apenas às forças do mercado e à legitimação do cânone, mas também à sua história particular de leitura que o leva a compor um repertório e à comunidade de leitores onde se insere. Escolhas que têm na experiência da leitura literária o seu princípio e o seu fim. Desse modo, apropriando-nos do sentido que George Herbert Mead deu para "jogo",[6] podemos dizer que o jogo do livro, o jogo da obra literária, o jogo da literatura, é a realidade que estabelecemos entre nós e pela qual crescemos e compreendemos o mundo e a nós mesmos. Não se trata de uma realidade elaborada a partir da leitura do livro nem da realidade imaginária proposta pelo autor da obra, mas sim da realidade que se estabelece no momento da leitura, da experiência da literatura em si mesma, que é sempre única, ainda que aberta a infinitas repetições.

[6] Estamos aproveitando a referência feita por Michael Lewis (1999), ao distinguir, a partir da leitura de Gratch, a noção de jogo defendida por Mead daquela proposta por Piaget.

Referências

ABREU, M. As variadas formas de ler. In: PAIVA, A. *et al. No fim do século: a diversidade.* Belo Horizonte: Autêntica, 2000.

BOOTH, W. C.; COLOMB, G. G.; WILLIAMS, J. M. *The craft of research.* Chicago: University of Chicago Press, 1995.

BRITTO, L. P. L. Leitura e política. In: EVANGELISTA, A. A. M. *et al.* (Org.). *A escolarização da leitura literária: o jogo do livro infantil e juvenil.* Belo Horizonte: Autêntica, 1999.

CALVINO, Italo. *Se um viajante em uma noite de inverno.* São Paulo: Círculo do Livro, 1979.

CAMPOS, M. I. B. *Ensinar o prazer de ler.* São Paulo: Olho dágua, 1999.

CARTER, A. *O quarto do Barba-Azul.* Rio de Janeiro: Rocco, 2000.

CHARTIER, R. Comunidades de leitores. In: *A ordem dos livros.* Brasília: UnB, 1999.

COSSON, R. Entre o cânone e o mercado: a indicação de textos na escola. In: PAULINO, G.; COSSON, R. *Leitura literária - a medição escolar.* Belo Horizonte: Fale, 2004.

COSSON, R. *Letramento literário: teoria e prática.* São Paulo: Contexto, 2006.

DONADIO, R. Revisiting the canon wars. *The New York Times.* Sunday Book Review. 16 set. 2007.

EVEN-ZOHAR, I. Papers in culture research. Tel Aviv University, 2005. Disponível em: <http://www.tau.ac.il/~itamarez>. Acesso em: 10 mar. 2006.

FHILADELFIO, J. A. Literatura, indústria cultural e formação humana. *Cadernos de Pesquisa,* São Paulo, n. 120, 2003. Disponível em: <http://www.scielo.br/scielo.php?script=sci_arttext&pid=S0100-15742003000300010&lng=en&nrm=iso>. Acesso em: 16 nov 2007.

FREDERICO, E. Y.; OSAKABE, H. *Literatura.* Orientações curriculares do ensino médio. Brasília: MEC/ SEB/ DPPEM, 2004. Disponível em: <http://portal.mec.gov.br/seb/arquivos/pdf/03Literatura.pdf>. Acesso em: 10 ago. 2007.

GERALDI, J. W. *O texto na sala de aula. Leitura e produção.* Cascavel: Assoeste, 1991.

HUNT, R. A. Modes of reading, and modes of reading Swift. In: CLIFFORD, J. (Ed.). *The experience of reading: Louise Rosenblatt and Reader-Response Theory.* Portsmouth, New Hampshire: Boynton/Cook Heinemann, 1991.

Disponível em: <http://www.stthomasu.ca/~hunt/modes.htm>. Acesso em: 10 nov. 2007.

MANGUEL, A. *Uma História da Leitura.* Tradução de Pedro Maia Soares. São Paulo: Companhia das Letras, 1997.

MEDEIROS, J. B. *Redação científica.* São Paulo: Atlas, 2005.

LEWIS, M. *Alterando o destino. Por que o passado não prediz o futuro.* São Paulo: Moderna, 1999.

Capítulo 2
PRAZER À REVELIA
SOBRE A LEITURA DE O *PICAPAU AMARELO* NO ENSINO FUNDAMENTAL

João Luís Ceccantini

Rara escolha

Um professor – ou outro mediador – empenhado em implementar um projeto de formação de leitura literária com crianças e jovens vê-se às voltas com ao menos duas instâncias de escolha fundamentais para o sucesso de sua empreitada: a escolha das obras a ser propostas como leitura e a escolha das estratégias para abordar essas obras. No caso das obras a ser selecionadas, é muito frequente a dúvida entre escolher obras canônicas, por vezes razoavelmente distanciadas do horizonte dos alunos, apesar da valoração assumida por esses textos ao longo do tempo, ou se ocupar de obras contemporâneas, de maior apelo junto a leitores incipientes, seja pelos temas focalizados, seja pela linguagem, mas que podem estar associadas muito mais à esfera do puro entretenimento do que ao universo da arte e de sua ampla visada (trans)formadora. E, nesse caso, conforme a obra escolhida, as estratégias de abordagem deverão ser eleitas de forma muito cuidadosa, sob o risco de, ao invés de cativar novos leitores, afugentá-los frente às dificuldades que se fazem presentes para uma autêntica fruição estética.

É bastante ilustrativa, como caso de obra canônica que convida os mediadores a apresentá-la às novas gerações, a produção literária do escritor Monteiro Lobato voltada a crianças e jovens.

Largamente considerada pelos especialistas como baliza absoluta de nossa literatura infanto-juvenil, na medida em que consolida o gênero entre nós, a partir da década de 1920, a produção do escritor dá corpo a um projeto literário vigoroso, construído com muita inteligência, imaginação, irreverência, originalidade e com enorme respeito por seu público-alvo. Representa, assim, um desafio para os formadores de leitores, por se tratar de uma literatura que pode oferecer obstáculos nos mais variados níveis para uma recepção empática, dado hoje seu razoável distanciamento temporal. Mas que vale a pena tornar conhecida, já que instaura tradição criativa a influenciar a produção cultural contemporânea de múltiplas maneiras – das menos às mais diretas (alusões, referências, citações, apropriações, adaptações para outros suportes e linguagens, etc.).

Assim, procura-se descrever e comentar aqui uma experiência de recepção de um título significativo de Monteiro Lobato proposto como leitura a estudantes do 7º ano do ensino fundamental de escolas públicas do Oeste paulista – *O picapau amarelo* –, procurando contribuir para uma reflexão sobre o letramento literário em contexto escolar.[1] Numa entrevista individual sobre práticas de leitura com um dos alunos pesquisados pelo Projeto, realizada antes da proposição da leitura de qualquer uma das obras literárias de interesse da equipe de investigação, dá-se o seguinte diálogo do entrevistador (ENT) com um estudante, quando são abordadas suas preferências gerais de leitura, servindo de mote para observar

---

[1] A experiência de leitura aqui analisada insere-se no contexto do projeto "Literatura na Escola: Espaço e Contextos – a Realidade Brasileira e Portuguesa", pesquisa desenvolvida por diversos professores da UNESP dos campus de Assis (SP), Marília (SP) e Presidente Prudente (SP), desde 2006, com financiamento da FAPESP e do CNPq, em que têm sido investigados aspectos ligados à leitura e à formação de leitores em contexto escolar, destacando-se o estudo qualitativo da recepção de obras literárias de variada natureza por alunos de 5º e 7º anos do ensino fundamental de escolas públicas da região. No caso específico da leitura de *O Picapau Amarelo* foram entrevistados estudantes de seis salas de 7º ano, sendo duas de cada uma das três cidades, compondo um universo de cerca de 180 alunos.

o modo difuso com que Monteiro Lobato e sua obra se inserem contemporaneamente no imaginário dos jovens leitores:

> ENT – E você, tem algum autor... assim... de que você goste?
> BR – Monteiro Lobato.
> ENT – Monteiro Lobato... O que você já leu do Monteiro Lobato?
> BR – É... Sítio do Picapau Amarelo. (A-CG)[2]

Ao associar de forma imediata a figura de Lobato ao Sítio do Picapau Amarelo, o jovem estudante reproduz o que boa parte dos brasileiros faz quando é citado o nome do escritor de Taubaté. O que não significa necessariamente, no entanto, que tenham lido ou que saibam que existe uma obra de Lobato intitulada de modo específico *O Picapau Amarelo*, cuja primeira edição é de 1939. Essa, dentre as obras infantis de Lobato, é uma narrativa muito raramente lembrada nas pesquisas que tentam resgatar memórias de leitura dos mais diferentes sujeitos: são evocados em geral títulos como *Reinações de Narizinho*, *Os doze trabalhos de Hércules*, *Caçadas de Pedrinho*, *O Saci* e *memórias da Emília*, ficando a imagem do "Sítio do Picapau Amarelo" associada indistintamente à produção lobatiana como um todo.

Para além desse fato curioso, *O picapau amarelo*, embora seja uma rara escolha entre os mediadores de leitura, costuma ser um dos títulos mais valorizados pelos pesquisadores da obra infantil de Lobato, sendo de modo frequente apontado como

---

[2] Neste trabalho, são citados fragmentos de depoimentos escritos e orais (devidamente gravados e transcritos) dos estudantes sobre a obra proposta como leitura. As referências a esses depoimentos, registrados entre parênteses logo depois da citação, obedecem ao seguinte padrão:

[cidade – escola – número do sujeito (quando houver identificação no documento em que foi reproduzido o depoimento – vide Relatórios de Pesquisa produzidos para as agências financiadoras)].

Cidade: A (Assis); M (Marília); PP (Presidente Prudente)

Escola: AAM (Escola Adolpho Arruda Mello); AA (Escola Anna Antônio); AB (Escola Antônio de Baptista);

SM (Escola Sebastião Mônaco); CG (Escola Cleophânia Galvão da Silva); LR (Escola Léa Rosa Melo Andreghetti)

um daqueles que mais teriam resistido ao tempo, na medida em que o escritor, mais maduro, não se prendeu de forma direta às circunstâncias históricas da época – o que teria impedido que ficasse datado –, nem o atrelou a propósitos pedagógicos pontuais, aspectos que se fizeram presentes em diversos outros trabalhos – *O poço do Visconde* é um típico exemplo desse caso.

Em *O picapau amarelo,* Lobato preferiu entregar-se a um arrojado exercício de imaginação. A "realidade do sítio" mescla-se à mais desbragada fantasia do mundo da fábula, criando-se um mirabolante intertexto em que personagens das mais diferentes tradições e origens resolvem mudar-se para as terras de Dona Benta. Tudo serve de matéria para uma narrativa impregnada de aventuras, suspense e humor, num texto que leva a sua dimensão de *ficção* às últimas consequências. Gênova faz uma síntese esclarecedora do enredo da obra:

> O livro narra a história da vinda de personagens do mundo da fábula para o sítio do Picapau Amarelo. Para acomodar os novos habitantes, Dona Benta compra duas fazendas vizinhas e a primeira nova construção feita no sítio é uma cerca, dividindo as terras do Picapau Amarelo das novas terras adquiridas, chamadas de Terras Novas.
>
> A mudança no sítio se inicia: há a construção de castelos, jardins, casas, bosques e mesmo a acomodação da parte do Mar dos Piratas. Assim, modifica-se a paisagem do sítio, e a transformação também traz algumas tragédias. A primeira ocorre quando um morro desmorona e a água do Mar dos Piratas alcança o castelo de Branca de Neve. O príncipe, seu marido, morre afogado. Mas logo a tragédia se afasta do livro: diante da viuvez da princesa, Emília toma emprestados arco e flecha do Cupido e faz com que Branca de Neve e o príncipe Codadade se apaixonem.
>
> O casamento entre os dois é preparado com muito cuidado e a história desce a detalhes da comida e da decoração. Tudo pronto para um final feliz típico de Contos de Fada, não fosse a revolta dos monstros: por não serem convidados, eles invadem a festa e tem início uma grande confusão, na qual desaparece Tia Nastácia. O desfecho da narrativa fica, assim, aberto e seu desenlace é anunciado na iniciativa de Pedrinho que propõe organizar uma expedição de salvamento da querida cozinheira do sítio – início da obra *O Minotauro,* outro volume de Monteiro Lobato, que narra a continuação de *O Picapau Amarelo* (GÊNOVA, 2008, p. 411-412).

O fato de que a obra não esteja atrelada de maneira estrita ao contexto histórico de que emerge não significa, por outro lado, que não se abra para leituras que nela reconheçam também uma dimensão simbólica associada a questões importantes do Brasil e do Estado de São Paulo da década de 1930. É precisamente o alto grau de literariedade da obra que convida Gênova a fazer uma leitura da obra nessa direção:

> Em *O Picapau Amarelo* podemos perceber que há certa sintonia entre o sítio e o Brasil, refletindo-se no sítio a transformação da sociedade brasileira.
>
> Considerando alguns aspectos sociais da cidade de São Paulo dos anos 30 e retornando à obra de 39 pode-se relacionar a mudança dos personagens provenientes de diferentes literaturas para o sítio com a chegada dos imigrantes no Brasil. Talvez seja possível estabelecer um paralelo entre a onda imigratória e o fato de, em *O Picapau Amarelo*, os personagens fabulosos abandonarem as terras onde nasceram e permaneceram durante toda a vida trocando-as pelo território do Picapau Amarelo, onde (acreditavam...) poderiam viver tranquilamente.
>
> A forma de organização e construção dos lares nas Terras Novas do sítio pode ser lida como assemelhando-se à forma de fixação dos imigrantes, cada grupo, segundo a nacionalidade, fixando moradia em locais próximos, dando ideia de bairro, comunidade, colônia. Além disso, alguns problemas enfrentados pelos imigrantes se assemelham às situações vividas pelos novos habitantes do sítio, no processo de ocupação territorial, como brigas por território, demarcação de propriedade e fixação de casas.
>
> Assim como a chegada dos personagens estrangeiros nas Terras Novas e tudo que envolve seu processo de acomodação se aproximam da imagem do imigrante, as diferentes etnias e culturas que passam a compor o cenário do sítio podem ser lidas também a partir da mistura étnica que caracteriza o Brasil. Deste modo, é possível considerar a constituição das Terras Novas como metáfora da nova situação brasileira: sociedade pluriétnica, mestiça. (Gênova, 2008, p. 416-417)

Embora não seja o propósito aqui avançar para uma análise detalhada dessa verdadeira obra-prima de Monteiro Lobato, a evocação desses aspectos ilustra a importância desse título no âmbito da literatura infantil do escritor, bem como o papel que desempenha na constituição de nosso patrimônio cultural, razões mais do que suficientes para que nos interesse verificar junto aos estudantes de hoje, no contexto da escola pública brasileira, a atualidade e a legibilidade dessa obra e seu potencial de formação de leitores.

Um livro "legal"

No que diz respeito ao nível de aceitação da proposta de leitura que foi feita aos alunos e à sua efetiva mobilização para ler a obra, houve, por parte dos jovens, uma reação diferenciada: Em Presidente Prudente, nas duas escolas pesquisadas (Adolpho Arruda Mello e Anna Antônio), e em Marília, em uma delas (Antônio de Baptista), cerca de 80% dos alunos pesquisados leram a obra, ainda que, no debate, tenha ficado claro que nem todos tenham conseguido chegar ao final da narrativa. Numa das escolas de Marília (Sebastião Mônaco) e nas duas de Assis (Cleophânia Galvão da Silva e Léa Rosa Melo Andreghetti), o índice de leitura foi muito abaixo disso, oscilando entre 10 e 20%, ficando tácito, nesse caso, que esses alunos sequer se aventuraram a tentar ler a obra. Não se trata de ter iniciado a leitura e abandonado (uma vez que esses foram entrevistados), mas de nem mesmo terem tentado ler o livro que lhes foi apresentado.

Certamente influenciaram esse comportamento variáveis diversas, tais como o horizonte socioeconômico-cultural das escolas, a história de atividades de leitura mantidas por cada professor de língua portuguesa com suas turmas e o comprometimento geral da escola com a pesquisa proposta.

Por outro lado, se considerados apenas os alunos que declararam ter lido a obra e que, portanto, participaram do processo de coleta de dados, por meio de registro escrito e de entrevista coletiva oral (ou "debate"), sobre a recepção de *O picapau amarelo*, o resultado a que se chega é bastante *homogêneo*. A resposta à obra é praticamente idêntica nas seis escolas, exceto pelo fato de que os alunos de uma das escolas (Antônio de Baptista) revelam uma competência de escrita bastante superior à dos alunos das outras cinco escolas. Produzem textos mais longos, com muito maior coesão e coerência e respeitam razoavelmente as convenções ortográficas. O contraste quanto ao desempenho escrito dos estudantes da Escola Antônio Baptista e dos alunos das demais escolas é muito marcante, na medida em que nelas os estudantes revelam uma *performance* no uso da língua escrita bastante sofrível para um 7º ano, como se poderá verificar em boa parte dos depoimentos aqui reproduzidos, sem retoques. Há alguns casos em que se percebe que os alunos estão num estágio de letramento ainda bastante primário, dificultando bastante a compreensão de suas ideias.

No entanto, especificamente quanto ao nível de *empatia* manifestado em relação à narrativa, revela-se um horizonte muito semelhante nos seis grupos de alunos e são quase os mesmos tópicos aqueles abordados na obra pelos estudantes das três cidades. Cerca de 88% dos alunos entrevistados declaram *ter gostado do livro*. Nos textos escritos e ao longo dos "debates" sobre o livro, a adesão à obra é reiterada, ainda que em alguns momentos sejam feitas ressalvas aqui e ali no que tange a aspectos que incomodam alguns estudantes no processo geral de recepção. O adjetivo mais largamente utilizado para classificar a obra é *legal*. Um ou outro aluno chega a ser mais enfático, dizendo que *adorou* o livro. E há mesmo um leitor que chega a uma formulação singular e inesperada para manifestar seu apreço pela obra e seu autor:

> Eu achei muito legal pq, o livro tem bastante suspense, e também pq eu sempre gostei dos contos de Monteiro Lobato, eu sempre fiquei imaginando e se ele ñ tevese morrido? (PP-AA-6)

Mas, talvez, a fonte mais "fidedigna" para afirmar que, via de regra, os estudantes gostam da leitura de *O picapau amarelo*, apesar de algumas dificuldades encontradas, vem de uma aluna que não leu a obra, mas se sentiu na obrigação de preencher a folha de comentário que lhe foi proposta, procurando atenuar de algum modo o fato de não ter lido a narrativa pela informação minuciosa, à equipe de pesquisadores, de como foi a recepção da obra pelos seus colegas, acrescida de considerações sobre o "papel edificante da leitura":

> Bom eu não li o livro, mas pelo que os meus colegas falaram, o comentário foi muito bom eles dissem que foi legal o livro, foi engraçado deu pra entender, eles não reclamaram que o livro estava ruim, ao contrário eles amaram esse livro, deram Mais imaginação para eles e para mim, pelo o que eles me contaram, foi muito estrovertido. Bom até de mais eles amaram e eu também pela fala dos meus amigos, eu não li mas estou imaginando como que foi o livro acho que foi Bacana e muito engraçado também. Deu um pouco de trabalho pra ler eles falaram que demorou em cada dia 01:30, Mas está bem valeu muito apena ler, Por que com a leitura a gente desenvolve os nossos pensamentos pelomenos é o que eu acho. (M-AB-15)

Nessa mesma escola, uma outra estudante, que também não leu o livro, apresenta um depoimento parecido:

> Eu achei muito chato não ter lido o livo todo eu não li porque eu não pudi eu achei chato porque os meus amigos que leu comento falou que achou legal e quando perguntavam para mim se eu achei legal eu não sabia que responder.
>
> Mas mesmo assim eu li pelomenos o primeiro capítulo e achei chato no começo mas logu depois eu fui gostando e com aquele pedacinho de história aprendi de um pouco muito e de muito um pouco. (M-AB-18)

Deve-se frisar que há muitos depoimentos que reiteram essa atitude: alunos que dizem não gostar de ler, que leem a contragosto, mas que admitem espontaneamente que, à medida que a leitura vai evoluindo, vão mudando de atitude em relação à obra:

> DN – Eu, na verdade eu não gosto muito de ler... então eu só li porque a professora pediu
>
> ENT – Então você não queria ler?
>
> DN – Não
>
> ENT – E quando você começou a ler você...
>
> DN – Aí eu comecei a gostar, me interessar aí eu comecei a ler mas não deu tempo de terminar ele não.
>
> ENT – E agora depois desta conversa você voltaria a ler o livro?
>
> DN – Sim, pra mim terminar

Em ritmo de aventura

Um dos aspectos de cunho geral, que logo se faz presentes nas declarações dos leitores para justificar o seu apreço a *O picapau amarelo* reporta-se ao gênero em que se insere à narrativa, *o romance de aventuras*, compreendido aqui num sentido amplo, na medida em que no exercício lobatiano mescla-se livremente ao gênero fantástico. Destacam a ação rocambolesca da narrativa, em que as ações vão se sucedendo, numa clave humorística, mágica e de suspense:

> [Sobre o livro] Interessante. Porquê eu gostei das aventuras de Pedrinho e também eu gosto de ler livros do Monteiro Lobato. (PP-AAM-20)
>
> Eu achei o livro muito legal tem varias ações, aventuras, etc... muito importante que a gente vai descobrindo histórias novas. (A-LR-3)
>
> O que mais me chamou a atenção foram as mais divertidas confusões que eles tinham (PP-AAM-9)
>
> Foi muito legal, porque tem muita confusão e depois vem a resolução.
>
> (PP-AA-11)
>
> Eu achei a historia muito legal por que teve o rolo com o capitão gancho de do truque da Emilia e o Visconde teve para poder vender as terras, o que mais me chamou atenção foi o Pedrinho ele comeu tão rápido que já estava lá na serca de novo isso foi o que eu achei da hístoria. (PP-AA-5)
>
> Gostei também da maneira que tia anastácia ficou assustada e preucupada por que com aquele montão de fadas duendes prinsizas tudo aquilo iria virar bagunça (M-AB-3)
>
> Eu gostei muito do livro, eu achei ele muito interessante.
>
> Quando eu comecei a ler o livro, tive que ler até o final, porque me deu uma curiosidade muito grande, para saber o que iria acontecer depois.
>
> Só que foi uma pena o livro ter acabado pela metade.
>
> Eu fiquei com muita curiosidade para saber como iria ser o resgate de Tia Nastácia, para saber como seria Branca de Neve com seu novo marido.
>
> (M-AB-1)

"Aventuras", "ações", sucessão de peripécias, "confusões", "rolo", "bagunça", ritmo ágil ("Pedrinho comeu tão rápido que já estava lá na cerca de novo"), suspense, tudo aponta para o dinamismo característico do romance de aventuras e agrada a absoluta maioria dos alunos pesquisados.

Esse poderoso *incipit*

Outro fator que desempenhou papel considerável no quadro geral de apreciação da obra foi o início da narrativa, confirmando um aspecto que tem sido observado reiteradamente em outras pesquisas sobre a recepção de obras literárias por jovens leitores (Ceccantini, 2005, 2006 e 2008) - a função importantíssima do *incipit* na leitura, que chega a definir em boa parte das vezes o nível de adesão ou rejeição a uma dada obra e constitui peça-chave no conjunto de informações retidas na memória dos leitores. Os depoimentos dos alunos deixam claro esse aspecto, dando enorme ênfase a ele tanto de forma direta, quanto pela referência sistemática a situações introduzidas já no primeiro capítulo da obra:

> me chamou a atenção no começo da historia por que eu achei a parte mais legal que eu gostei dos texto e a parte mais divertida da historia. (PP-AAM-12)

O resumo reproduzido a seguir é um caso típico dessa valorização feita pelos leitores acerca do início de *O Picapau Amarelo*. O aluno concentra-se na apresentação de ações que introduzem a narrativa e, por meio de uma única linha, salta já para o final da história, na verdade não o citando explicitamente, mas se valendo de uma coda característica das histórias infantis, ainda que essa convenção linguística de fechamento própria do gênero não corresponda exatamente ao final da obra, uma vez que a narrativa deixa em suspenso o paradeiro de Tia Nastácia e cria a abertura para outra obra de Monteiro Lobato - *O minotauro*, como uma espécie de "convocação" para a leitura de outra obra do mesmo autor:

> Um dia Dona Benta ta tranquila até que ela recebeu uma carta do pequeno polegar que o pequeno polegar queria morar no sitio.
>
> E depois Dona Benta achou um passarinho se mandou uma carta para o pequeno polegar, depois dona Benta comprou um sitio vizinho.
>
> Que eles se mudaram para o sitio e ficam felizes para sempre.
>
> (PP-AAM-5)

O hiato que existe entre a mudança de "eles" para o sítio (as personagens do mundo da fábula) e o "ficam felizes para sempre" corresponde praticamente a todo o conjunto de peripécias que, a bem dizer, compõem o livro. Esse modelo de *resumo*, também exemplificado pelo que é reproduzido a seguir, é repetido por diversos estudantes das três cidades com pequenas variações, em que se acrescentam alguns detalhes a mais dos capítulos iniciais:

> Um dia Dona benta recebeu uma carta do Pequeno polegar.
>
> Na carta estava escrito:
>
> Saudades, talves nos mudaremos para ai o mundo mágico, claro se a senhora nos aceitarmos.
>
> E ela pensando:
>
> – Se eles mudar para cá eu tenho que compra mais fazendas para eles morare
>
> Ela mandou o passarinho e avisar para eles se mudarem logo dona benta mandou emilia e visconde ir procurar-lo os donos das outros fazendas ai visconde e emilia decidiram, tomar algumas cervejas, depois de terminar de beber, a tia Nastácia mandou Pedrinho buscar os animais para o sitio da tia Nastácia, ai os vizinhos venderam o sitio
>
> E o mundo mágico ficou feliz e se mudaram para lá
>
> Etia Nastácia ficou feliz. (PP-AAM-6)

Chama a atenção que, dentre as ações e detalhes concretos citados pelos estudantes no que concerne ao início da história, o episódio da carta entregue ao passarinho é de longe o mais lembrado. Talvez contribua em particular para o destaque dado a esse episódio a formulação poética que Emília dá à encomenda à pequena ave ou mesmo sua associação ao mundo miniaturizado, representado pelo Pequeno Polegar, *tópos* reconhecidamente apreciado pelos jovens leitores.

Não percam o próximo episódio!

Se ao início de uma narrativa cabe papel decisivo para a adesão ou rejeição dos jovens leitores a uma dada obra, também seu desfecho influencia de forma significativa o juízo que dela fazem como um todo. No caso de *O Picapau Amarelo* o apreço pelo final da obra é inversamente proporcional ao sentimento despertado pelo início. Ou seja, os estudantes rejeitam maciçamente o final da obra, ainda que não ao preço de modificar seu julgamento do conjunto, como muitas vezes se passa. Rejeitam aspectos diversos, por exemplo, a ruptura com o universo cristalizado de um conto de fadas sobejamente conhecido:

> Mas o que eu não gostei foi da Branca de Neve si casar com outro príncipe, sem ser o seu. (M-AB-20)

No entanto, a razão mais reiterada para a não apreciação do final da narrativa é o fato de o episódio do rapto de Tia Nastácia não apresentar uma resolução, que fica adiada para a leitura de outra obra do escritor, como o próprio narrador propõe que se faça nas linhas finais do livro. Consideram inconcebível um final tão aberto e cobram o seu "fechamento":

> Eu gostei das criaturas como Medusa etc mas eu não gostei do final que tia Nastácia é raptada e continua no proximo livro. (A-CG-1)
>
> ENT – O livro acabou bem, Mayara?
>
> MA – Não, deveria ter sido mais concreto, ficou um pouco solto p/ a nossa imaginação, livre. (M-SM)

E há mesmo uma aluna astuta que faz um ataque virulento a Lobato, invocando razões de mercado para o final dado à obra, no que não está muito enganada. Hoje, sabemos bem que foi Lobato, entre nós, importante precursor de estratégias editoriais que se tornariam correntes no mundo do livro infanto-juvenil, como no caso de tantas séries que, fragmentando histórias e repetindo personagens, sempre buscaram a fidelidade dos leitores, de olho nas altas tiragens:

> GA – Ah devia ter um final legal.
>
> NA – Sabe por que não tem final? Porque ele quer ganhar mais dinheiro pra gente comprar os outros livros e ficar querendo saber o que vai acontecer; pra todo mundo ler, entendeu? (A- LR)

Tele-Lobato

Depreende-se do discurso dos estudantes que a grande empatia que manifestam por *O Picapau Amarelo* também está muitas vezes associada não precisamente à obra lida, mas às adaptações que a TV fez da literatura de Lobato e mesmo de sua vinculação a outras mídias, como os quadrinhos ou o discurso publicitário. Prepara-se o terreno, cria-se um imaginário, que é prontamente reconhecido pelos jovens leitores, quando entram em contato com a obra literária e que está associado, sobretudo, à dimensão da *personagem*. Sentem prazer em reconhecer personagens que já conhecem de outros produtos culturais, comprazem-se num sentimento de familiaridade com o que é lido, ao ponto de, por vezes, tratarem o discurso televisivo e o literário como se fossem uma coisa só, indissolúvel:

> Esse livro é muito legal porque tem os personagem que eu gosto, ele faz muitas pessoas *assistirem* e tambem porque o autor é o Monteiro Lobato. [*grifo nosso*] (PP-AA-3)
>
> Bom, eu gostei do livro, pois deste livro eu assisti todos os episódios. Quando eu peguei o livro eu achei que era bem diferente, mas algumas coisas são diferentes sim. Eu acho que Monteiro Lobato soube escrever no livro coisas maguinificas. Este livro e uma forma bem diferente do que passa na televisão, pois contém as mesmas coisas mas no livro conta de um jeito diferente do que passa na televisão pois isso é interessante. E isso que da uma coisa interessante para os leitores. Eu achei legar o livro pois já avia passado na tv. (PP-AA-16)
>
> eu acho que foi bem baseada no que aconteceu... tipo... na::: ... quando passava o programa... foi bem igual... acho que não mudou muito. (M-AB-3)

Não sabem precisar e não parecem preocupados com o que veio antes – a literatura ou a TV. Tratam tudo como uma coisa só, imbricada, que implica dupla mão: um remete ao outro e vice-versa. Verifica-se, assim, um fenômeno semelhante, por exemplo, ao que ocorre com Harry Potter, em que os espectadores dos filmes (cinema, vídeos, DVDs) têm a curiosidade despertada para os livros e, por sua vez, os leitores assíduos da saga do pequeno bruxo não concebem não correr em direção aos cinemas, a cada novo lançamento de um filme adaptado da obra de J. K. Rowling. Nesse sentido, os leitores/espectadores de Lobato e de Rowling parecem emblemáticos dos modos contemporâneos de se consumir e produzir cultura, que presumem essa diversidade de suportes e linguagens, numa perspectiva que, para os jovens, raramente parece ser a da exclusividade e, sim, muito mais, a da sobreposição.

Nesse contexto de fusão de imaginários literatura/TV, percebe-se que nos *resumos* solicitados, os alunos citam episódios que não estão incluídos em *O picapau amarelo*, mas que muito possivelmente terão visto na TV ou lido em outras obras de Lobato ou mesmo em fragmentos de livros didáticos. E não se pode deixar de mencionar aqueles leitores que, provocados pelos entrevistadores, ou mesmo espontaneamente, procuram frisar a superioridade de um suporte/linguagem sobre o outro:

> ENT – Bom minha outra pergunta é a seguinte: vocês preferiram ler o livro ou ver tudo isso aí na televisão?
>
> YA – Na televisão é mais legal.
>
> NA – Mais sem parar.
>
> ENT – Esse aqui ta falando o que acontece assim se agente visse na televisão não ia precisar lê agente só ia ficar sentado no sofá (comendo) pipoca.
> GA – Deveria ter um filme.
>
> (A-LR)
>
> ENT – (Também) uma novidade... então quer dizer que vocês não gostam dessas histórias que vocês vêem na tv do Pica Pau Amarelo... não chama muita atenção?
>
> LU – É eu assistia
>
> ENT – Felipe parece que não gosta (quando leu lá) porque Felipe?... que que se acha?
>
> FE – Ah... porque é pa/ bebê
>
> ENT – Se acha que é criança muito pequena?
>
> FE – É.
>
> (PP-AAM)

Velhos conhecidos, novos amigos

A instância da *personagem* é crucial para a adesão a *O pica-pau amarelo*. Há o gosto de reencontrar velhos conhecidos (de outras obras, de fragmentos, da TV, etc.) e há o prazer de ser apresentado a "novos amigos", propiciando uma gama variada de identificações e projeções que passa pelas personagens do Sítio e se espraia pelos variados e, por vezes, esdrúxulos personagens do mundo da Fábula:

> O que chamou minha atenção foi os personagens eles são muitos legais e diverte a história eu gostei muito do livro é muito legal
>
> (PP-AAM-7)
>
> Legal e interessante por que ela é divertida e tem vários personagens que eu gosto.
>
> O que mais me chamou a atenção foram as mais divertidas confusões que eles tinham
>
> (PP-AAM-9)
>
> Eu não gostei muito mas estava legal um pouco legal por quê os personager das historinha estavam lá e eu imaginei o que aconteceu lá. o que me chamou mais atenção foi os personages das historinhas.
>
> (PP-AAM-1)
>
> Eu gostei muito do livro, porque mostram alguns personagens que são de outras mitologias como por exemplo a mitologia grega, tem aventuras que faz com que ficamos ansiosos para ver o final e a que me chamou mais atenção, foi conhecer personagens de outras mitologias
>
> (PP-AAM-2)
>
> Eu achei o livro super interessante pois fala de uma historia incrível, e o que mais chamou minha atenção foi a historia do Quimera.
>
> (PP-AA-15)
>
> CA – Ah... eu gostei porque mostra também/ fala de personagens de outras mitologias... gregas
>
> ENT – Ah... outras mitologias... Você gosta das outras mitologias?
>
> CA – Gosto
>
> ENT – Qual você gosta mais?
>
> CA – Não... eu fale/... é assim os personagens das outras mitologias que eu não conhecia... tipo a Quimera
>
> ENT – Sei, você nunca tinha ouvido falar na Quimera?
>
> CA – Não... quando eu ouvi falar eu falei... nossa o que... que é isso?

ENT – Ah... é... e você conhecia alguma outra personagem da mitologia grega... sem ser a Quimera?

CA – Não (PP-AAM)

O livro foi muito intereçante gostei muito da parte de D. Quixote, ele era muito engraçado. (M-SM-1)

ENT – Qual vocês nunca tinham ouvido falar?

( )

Muitos respondem: de Dom Quixote (M-AB)

ENT – E, Joyce, e você? não me enrola, do que você gostou mais?

JO – Do pequeno Polegar. (A-LR)

LE – eu gostei mas:: ai mais ou menos eu gostei ... eu gostei da parte que o - - como que chama aquele bichinho chama mesmo?

ENT – Pequeno polegar

LE – Pequeno polegar:: ((risos)) pequeno polegar recebe a carta se eles pode conta/ se eles pode ir no sitio ... essa parte (PP-AA)

ENT – Débora o que você achou do livro

DE – Eu achei legal porque são muitos personagens misturados em uma história só

ENT – Sei essa coisa deles serem muitos misturados você achou interessante?

DE – Achei

ENT – Você nunca viu uma história assim?

DE – Nunca

ENT – Nunca... é a primeira?

DE – É

ENT – E desses personagens qual te marcou mais?

DE – O Polegar (PP-AAM)

O que eu mais gostei foi da história "O casamento da Branca de Neve, o jeito e o modo da Emilia falar, andar e até mesmo espressar o que sente, também gostei muito de tia Nastacia, quando ela prepara seu bolinhos de chuva, me dá água na boca. (M-AB-20)

De um modo geral, as manifestações orais ou escritas sobre as personagens restringem-se a um âmbito primário de adesão, ficando mais ligadas à esfera do nível emocional, da afetividade, das prontas identificações, das primeiras impressões. Raramente enveredam por algum tipo de comentário que sublinhe os traços menos imediatos das personagens, de sua construção ou de sua dimensão simbólica. Alguns poucos alunos, mais percucientes, extrapolam essa abordagem, ainda que de forma tímida, percebendo as personagens na sua dimensão de tipos sociais ou indivíduos:

> Achei muito legal por quê mostra muitos dezenhos e conta historias legais é quase cada pouco de uma pessoa. (PP-AAM-14)
>
> E cada pessonage ele mostrava como era eles se ele era muito inteligente ou sábios. (M-AB-6)
>
> Os personagens que eu mas gostei foi a tia Nastácia, porque ela só falava credo, credo, do polegar e do quimera.
>
> A tia Nastácia que é chamada as maioria das vezes de Negra.
>
> O Viscondi só é chamado para só se machucar.
>
> Mas o polegar é o que eu achei mas interessante porque ele estava brigando com o casar de João de Barro. (M-AB-5)

No último caso é flagrante como esse leitor, que percebe bem a função que exercem algumas personagens no microcosmo do sítio, se sente incomodado em relação ao modo como o narrador lobatiano se refere a Tia Nastácia. Dentro de seus limites, intui uma questão ideológica, que dá margem a muita celeuma na bibliografia crítica sobre Lobato – a da *representação do negro*.

A dona da história

Há obras de Lobato em que a personagem Emília reina de forma quase que absoluta na narrativa, como se dá em *A chave do tamanho* ou nas *Memórias da Emília*. Em outras obras sua atuação é um pouco mais equilibrada; é o caso de *O picapau amarelo*, o que não significa que na economia narrativa a boneca de pano não possua um papel de bastante relevo, e isso é claramente percebido pelos leitores, que estabelecem com ela uma relação vibrante. Na comparação com a relação que mantêm com as demais personagens, a diferença pode ser percebida de maneira nítida, verificando-se que são sublinhadas algumas das conhecidíssimas características de Emília e que se trata de um dos poucos casos em que os leitores lançam mão, de forma sistemática, de *adjetivos* para caracterizar uma dada personagem. Temos a impressão de que a força da personagem acaba por conduzi-los para atentar para sua psicologia, seu modo de ser e de agir, percepção que, no caso das demais personagens, por mais que os pesquisadores nos debates tentassem "extrair" dos leitores, raramente logravam êxito. Como a caracterizam os estudantes:

> Emilia, foi a personagem que eu mais gostei na história pq ela é estrovertido e ñ para de fala ( ) min. (PP-AA-6)
>
> Não sou fã do pica pau amarelo, mais li para fazer o trabalho e gostei de algumas coisas, principalmente da emilia, porque ela é a mais estrovertida e simpática de todos e a dona Benta é muito amaorosa com seus netos. (PP-AA-7)
>
> Eu achei o livro grande mas legal, bem criativo, a Emília é muito metida e inteligente, engraçado e chato ao mesmo tempo, eu gosto do jeito de todos os personagens. (M-AB-4)
>
> ENT – ... se alguém de vocês pudesse ser uma personagem, qual delas escolheria ser?
>
> ...
>
> GA – A Emília porque a Emília é inteligente provoca ações.
>
> NA – A Emília é artera. (A-LR)
>
> AS – Eu gostei da emilia por causa que ela é engraçada e inteligente e faz::: que os::: fazendeiro mude de idéia pra aceitar a proposta da Dona Benta pra compra a fazenda deles (PP-AA)
>
> ENT – quem é que gostaria de ter Emilia como amiga?
>
> Dani: todo mundo
>
> ENT – porque Dani?
>
> Dani: eu acho ela muito legal (M-AB)

Há mesmo um leitor que, entusiasmado com a personagem, acaba por destacar um aspecto físico da boneca, não explorado especificamente nessa obra de Lobato, mas que o estudante, no afã de justificar seu apreço por Emília, importa de outras obras ou, quem sabe, da TV:

> ENT – Da Emília... que você gosta da Emília?
>
> LE – O cabelo
>
> ENT – O cabelo (é bunito) dela é? Que mais?
>
> LE – ... É só (PP-AAM)

Se em relação às demais personagens do Sítio não há manifestações que chamem maior atenção, seja positiva ou negativamente, em relação a Emília chega a haver também manifestações de repúdio, até mesmo acaloradas, na medida em que alguns leitores se irritam com sua onipresença:

> CA – O livro só fala da Emília
>
> ENT – Só fala da Emília... você acha que tem Emília demais
>
> CA – Tem Emília pra lá... Emília pra cá
>
> ENT – E você não gosta da Emília?
>
> CA – Não... porque assim... gostar eu gosto... mas só tem que dividir um pouco as falas... só tem dela
>
> ENT – Sei... quem você acha que devia falar... também na história que não fala?
>
> CA – Ah... o Pequeno Polegar... a Dona Benta (PP-AAM)
>
> Porquê eu gostei das aventuras de Pedrinho e também eu gosto de ler livros do Monteiro Lobato.
>
> A chata da Emilia que fala muito e eu nunca vi ninguém falar da que jeito. (PP-AAM-20)

Como papagaios...

Contrasta com a popularidade de Emília junto aos leitores pesquisados – na medida em que a boneca evoca travessuras, irreverência e transgressão – um dos traços mais insistentes que se depreende do conjunto de documentos coletados: um alto grau de *escolarização* presente em seu discurso sobre a leitura e a literatura, bem como nas suas próprias práticas de leitura literária. O termo *escolarização* é utilizado aqui no sentido de que esses leitores se demonstram continuamente empenhados em reproduzir, tal como papagaios, a ladainha que uma certa tradição escolar brasileira, subordinada ainda a valores do século XIX, ou até mesmo de época anterior, vive despejando sobre suas cabeças a respeito das muitas "virtudes da leitura", dessa panaceia milagrosa que todos males cura, de suas qualidades imanentes e "trans-históricas", bem como a respeito da literatura, que, por sua vez, é encarada de uma perspectiva bastante pedagogizante e instrumental. Isso, em vez de submetê-los, no dia a dia e de forma intensa, a efetivas práticas de leitura, em especial a leitura de bons textos literários (longos, por que não?), deixando de lado as mil e uma tarefas escolares supérfluas e secundárias que a instituição inventa para si mesma a cada segundo, em nome de modismos teóricos e oportunismos políticos, de resultado geralmente inócuo e estéril.

O discurso dos alunos revela que assimilaram esses valores de forma arraigada ou, ao menos, imaginam que seja esse tipo de discurso que os pesquisadores esperam ler ou ouvir, e se esforçam para formulá-lo. Do mesmo modo, dirigem-se ao objeto *literatura* impregnados de uma visão utilitarista, que parece buscar ali, muitas vezes, não o que o texto tem a oferecer, mas, sim, uma série de "mensagens" e "ensinamentos" que estariam esperando por eles, prontos para ser decodificados. É tão intenso o processo posto em curso, que acaba por perpassar pelos mais diversos níveis da leitura literária (até o da materialidade da obra!), numa exasperante repetição de clichês e de ideias fora do lugar:

> Eu gostei do livro por ser um *clássico* da literatura infantil e por ter personagem de conto de fadas no enredo. [grifo nosso] (PP-AA-30)
>
> Ai eu gostei por que e uma forma de desenvolver mais a leitura por que muitos não lê ou porque prefere fazer outra coisa (PP-AAM-4)
>
> Eu achei da história legal por que ela ensina coisas e ela e interessante (PP-AA-9)
>
> Desse livro que lemos eu achei um esperiensia muito boa, pois aprendemos que nos temos que ter mais responsabilidade, porque o livro não é nosso e tem que tomar muito cuidado, para não rasgar, amaçar... (M-AB-2)
>
> É uma história muito boa, divertido educativa, etc. (M-AB-16)
>
> O livro Pica Pau Amarelo foi muito interessante pra mim, pois desenvolvi minha leitura e pude aprender mais. (M-AB-19)
>
> Achei ótimo o livro porque fortalese a imaginação e deixa nossa vida mais animada fazendo dela uma alegria e consequentemente fazendo com que futuramente temos uma vida ótima. (A-LR-5)

FE – Eu gostei porque com esse livro a gente pode aprender bastante

ENT – O que você aprendeu Felipe?

FE – ((Pausa)) Eu aprendi a ler um pouco mais

(PP-AAM)

Verdades e mentiras

Se boa parte dos alunos introjetou a ideia de que ler é "um bem em si mesmo" e a noção pragmatista de que a literatura é um baú cheio de "ensinamentos", que é preciso abrir, resgatar seu conteúdo e dele lançar mão à primeira ocasião que se fizer presente, não admira que os estudantes tenham dificuldades para lidar com a *ficcionalidade* do texto de Lobato, focalizada num dos momentos de maior ênfase no conjunto da obra do escritor.

Fica patente no discurso de muitos alunos uma contínua hesitação entre aceitar o pacto de fantasia proposto pela narrativa desde sua primeira linha – o que na visão deles poderia significar assumir que ainda são "criancinhas ingênuas", que acreditam em qualquer mentira que lhes queiram pregar os adultos – e rejeitar esse pacto, cobrando "realismo" do texto, tarefa difícil, porque se deixam arrastar a todo instante pela torrente altamente imaginativa do projeto literário do escritor. Assim, chegam, por vezes, a estranhas e confusas formulações, que em geral, mostram certa rejeição em relação à fantasia e à própria ficcionalidade da prosa:

ENT – ...vocês acham que os adultos fingem não acreditar nos personagens maravilhosos? ... vocês acham que eles não acreditam mesmo ou eles só fingem não acreditar?

Robson: Ah não acredita mesmo

ENT – Porque Robson?

Robson: Ah nem a gente acredita

ENT – Vocês não acreditam mais? Por que?

Robson: Ah porque não ... hoje a gente já sabe das coisas, né, não é igual antigamente que as crianças era feita de boba

ENT – você acha que as crianças eram feitas de bobas?

Robson: Lógico, acreditava em tudo que os adultos falava

ENT – ... Agora, porque vocês acham que o mundo das fábulas mudou para o sítio da Dona Benta?

Robson: Sei lá ... vai ver que::: ninguém estava lendo as histórias deles ( )

(PP-AA)

SA –Ah eu acho que cada um tem uma idade no livro apropriada porque ninguém vai querer assim né ler a branca de neve os tres porquinhos por causa que já vai ler um livro que tem mais páginas ... é pra adolescente (PP-AA)

ENT – Vocês acham que estes personagens existiam ou existem?

WE – Não.

ENT – E o sítio?

WE – O sítio existe, porque ouvi na TV que ele existe de verdade.

NA – O Wesley tem razão.

(M-SM)

ENT – Camila você gostou? ... porque você gostou, Camila?

CA – Porque conta contos de fada... e também fa/... e também fa/ tem vários personagens de outras histórias que muda-se pro sítio do Pica Pau Amarelo

ENT – Você achou interessante?

CA – Achei

ENT – Você acha que isso é possível acontecer?

CA – Não

ENT – Não... e o sítio existe mesmo?

CA – O sítio? Deve existir

ENT – Deve existir... mas... não dá pros... pro pessoal dos contos de fadas ir pra lá...não?

CA – Não

...

ENT – vocês acham que é possível acontecer aquilo que aconteceu no sítio?

((sala responde que não))

ENT – Não? Por quê?

AL – É conto de fada

ENT – Se vocês acham possível,né... de repente todos as personagens do mundo das fábulas mudarem pro Sítio do Pica Pau Amarelo?...

CA – Não

ENT – Não? Nem no faz de conta? Fala, Caroline

CA – O mundo da fábula... são da fábula... e o mundo real

AM – É o mundo real

ENT – E o mundo do Sítio? o Pica Pau Amarelo é real?

CA – É

ENT – É real? Tem burro que fala... andando lá... tem Visconde subindo em árvore... tem boneca fazendo (   ) Não?

CA – Não

Um dos alunos toma uma posição mais firme e "acha uma solução" para o impasse em que a classe se vê envolvida, propondo, na sequência, uma alentada leitura possível para a obra:

ENT – Vocês tão dizendo que o Sítio do Pica Pau Amarelo existe... mas o mundo das Fábulas não existe... como é que é essa história?

AL – Claro que existe

ENT – O mundo da fábula existe? Explica pra gente isso... como é que existe... Você já foi lá Allyson?

AL – ((nega com a cabeça))... Nos livros

ENT – Como?

AL – Nos livros

ENT – Nos livros ele existe... então, é um jeito de existir

...

ENT – Qual que é o assunto principal desse livro?... Fala, Allyson, qual você acha que é?

AL – Tão esquecendo muito do/ o mundo da/ mundo da fantasia... o mundo da fábulas/ das fábula... esquecendo muito as pessoas

ENT – As pessoas estão esquecendo muito do mundo da fantasia e das fábulas? Você acha que esse é o assunto principal?

AL – Ahan... (PP-AAM)

Alguns outros poucos leitores valorizam o componente de imaginação que impregna toda a narrativa:

Eu achei legal porquê nóis conhecemos outro mundo encantado em nossa imaginação é legal conhecer o mundo que não tem violência já o nosso tem muita violência e acidente.

> Beijos TcHAUbbb (PP-AAM-21)
>
> Bem eu acho que seria uma ótima idéia ter princesas em minha casa, como aconteceu com Narizinho. (M-AB-20)

Rir é o melhor remédio

Ao passo que a fantasia é vista com preconceito na obra, o humor é bastante valorizado pelos jovens leitores, que, felizmente, nisso não veem qualquer risco de infantilismo. De maneira direta, dizem que o livro é "divertido", e essa é uma forte razão para a adesão à obra:

> As historias que falam tem umas que é de rir então é muito legal.
>
> Tudo me chamou a atencão (PP-AAM-14)
>
> Eu achei a história interessante porquê é diverdida (PP-AA-16)
>
> Gostei bastante do livro, por que tem muitas aventuras, é interessante e muito divertido.
>
> A história é muito legal e cheias de alegria por isso que eu gostei muito dessa história.
>
> Os personagens são divertidos e o autor conta a história muito bem, de um jeito interessante que cada vez da mais curiosidade de ler. (M-SM-2)

Também variadas situações cômicas da história são mencionadas, por exemplo, a "paixão artificial de Tia Nastácia, provocada por mais uma das famosas travessuras de Emília:

> O que mais me chamou atenção quando Emília flechou Tia nastacia com a flexa do cupido ela ficou tonta acharam uma tortura, o frango sem sal. (A-LR-3)
>
> [a história é] interessante. Porque é legal, divertida aventureira, etc. Me chamou a atenção na parte que a tia Nastácia levou a flechada e ela a fez a comida salgada e ficou falando umas palavras legais. (A-LR-7)

Esses leitores perspicazes, de maneira intuitiva, estabelecem laços entre a natureza do humor na literatura e o uso muito particular que o escritor tem de fazer da linguagem, o que exige um domínio técnico preciso, sem o qual dificilmente conseguiria levar o seu leitor ao riso. Assim, fazem menção ao fato de que o "autor conta a história muito bem" e de que Tia Nastácia "ficou falando umas palavras legais", percebendo que, em boa parte, é na *forma* que se concentra a visada humorística de um escritor e não apenas na situação que põe em cena.

"Muita frescurinha"

Raramente algum tipo de questão linguística ou preocupação formal aflora espontaneamente no discurso dos estudantes, tal como se dá no caso da valorização que fizeram do humor. Quando provocados pelos entrevistadores sobre o assunto, de um modo geral não consideram a língua um problema para a compreensão da obra, talvez subestimando o problema. Quando consideram que as palavras são difíceis, veem isso como um mérito, o que não significa a contrapartida de que vão buscar o sentido de palavras desconhecidas:

> Eu achei o escritor muito criativo, foi muito legal a forma que ele usou as expressões da palavra. (M-AB-1)
>
> Eu gostei muito de ler esse livro, pois fala de varias coisas importantes, eu não tive a feliscidade de ler tudo, mas a parte que eu li do texto é muito legal. Gostei muito do jeito que o autor escreve o texto, ele o escreve com palavras difíceis, bem complicada. (M-AB-2)
>
> A fala, eu senti que até espressões ela demonstrou (M-AB-4)
>
> O que me chamou atenção foi as falas dos personagens por que eles tiam um vocabulário muito bom também teve um tempo que eles teve uma corajem que me empreçonou. Eu vi que as coisa que eles falaram foi ótimas. (M-AB-9)
>
> ENT – O livro então é tranquilo de ler, é fácil de ler?
>
> NA – Tem umas palavras muito locas!
>
> ENT – Palavra muito lôca...
>
> NA – (meu galinho garnizé).
>
> ENT – Vocês acham então que ele tem muita palavra complicada?
>
> JO – Tem muita frescurinha. (A-LR)
>
> ENT – Vocês acharam que o livro tem muita palavra difícil?
>
> ((sala responde que tem))
>
> ENT – Tem... Atrapalha para entender a história?

((sala responde que não))

ENT – Quando vocês encontram (   ) oh... por quê?

AL – Pulo a palavra e continuo lendo

ENT – Quando vocês/ ah... é pula a palavra e continua lendo dá pra entender...

AL – Aí depois procura na internet

ENT – Na internet... você procura? No que?... No dicionário? Não?

AL – Procuro na internet... no Google (PP-AAM)

De olho no livro

A materialidade do livro, na pesquisa, constitui um aspecto que contou com diversidade de opiniões. Como muitos alunos das diferentes escolas declararam que era a primeira vez que liam um livro inteiro e, em especial, uma narrativa longa inteira, há aqueles que consideram o livro bonito, atraente, e há os que consideraram ultrapassado o projeto gráfico da obra. Vale lembrar que, numa das escolas, praticamente todos os alunos de uma classe de 7º ano da escolarização formal declararam ter chegado a esse nível de ensino sem nunca ter lido um único livro de narrativa longa "inteiro". O único livro "inteiro" que haviam lido foi um de poemas, de um autor regional, mas cujo título nenhum aluno foi capaz de lembrar.

Muitos alunos queriam mais imagens na obra. Os fragmentos seguintes exemplificam essa posição, predominante:

ENT – Bom, e a ilustração? ... vocês não gostaram, acharam que tinha que ter mais ilustração?

YA – Tinha que ter mostrado mais.

NA – Tinha que ser mais colorido, tudo preto e branco.

DA – Porque pra gente aprendê, não basta só lê, tem que vê também.

NA – Lógico que não. Se agente vê, vai aprender e vai entender.

ENT – Então como vocês são bem grandinhas e bem saidinhas daria para ler isso sem ilustração nenhuma.

TODOS – Sem.

NA – Daria, mais seria muito chato.

GA – Quando tem um livro assim com o desenho pintado eu paro de ler e fico olhando o desenho, assim, depois.

ENT – É, tem gente que gosta de vê o desenho, depois lê o texto.

NA – Primeiro eu tenho que vê a capa, o desenho, se a capa for interessante, aí eu leio.

(A-LR)

AA – A letra é muito pequena

ENT – A letra é muito pequena?

AC – Poucos desenhos

ENT – Poucos desenhos...o livro é assim (desenhos não tem)

AC – Num tem muita ilustração

ENT – Os desenhos deviam ser coloridos?

EL – Eu acho assim que o desenho incentiva a gente ler

ENT – Ahn?

AB – Entender o texto

ENT – O desenho que ajuda...

(A-CG)

Uma voz dissonante prefere os livros sem ilustrações:

ENT –Vocês gostam... Vocês não gostam de imaginar as coisas que aparecem num livro sem desenho?

AL – Eu gosto

ENT – Você gosta Allyson? Você acha que se – é Allyson né – você acha que você imagina melhor do que... quem fez o desenho?

AL – Ahan...

ENT – Por quê?

AL – Porque dá mais emoção

ENT – Dá mais emoção... você prefere?

AL – Ahan... (PP-AAM)

Sono, dor de cabeça, preguiça...

Dentre os alunos que assumiram de forma explícita e categórica que não gostaram de *O Picapau Amarelo*, uma razão importante apontada para a sua rejeição da obra foi o número grande de páginas do livro:

> E uma coisa que eu acho que todos não gostaram foi o tamanho do livro com setenta e três paginas. (M-AB-20)
>
> Eu não li porque não estava piqueno o livro estava candre de mais. (M-SM-17)

Além desse problema de ordem geral, foram apontadas questões que, se não fazem referência direta ao número elevado de páginas do livro, podem estar a ele associados, bem como ao ritmo da narrativa, à dificuldade de compreensão do enredo e da linguagem ou mesmo à própria temática da obra:

> Não li ele inteiro, porque sempre quando começava me dava sono e dormia, Mas assim que acordava, acordava com dor de cabeça e não conseguia ler nada e então piorava! Desculpe! (M-AB-17)
>
> ENT – Então vocês leram só porque nós mandamos?
>
> AL – É por isso que eu prefiro ver na televisão... quando eu vou ler começo a ter sono, aí não dá para entender
>
> AL – dá... dá preguiça
>
> AB – eu lia bem na hora que ia dormir
>
> (M-AB)
>
> Eu achei o livro muito chato porque sempre é a mesma coisa cansa a vista de ficar falando emilia pra ca emilia pra lá. (PP-AAM-22)
>
> Pra falar a verdade eu não gostei do livro do picapau amarelo
>
> Porquê fica falando muita coisca sem nosão não tem grasar de ler o livro, sempre fica falando a mesma coisas.
>
> (PP-AAM-13)
>
> Eu achei uma história muito tonta, chata infantil e muito difícil de entender. Por que tem muitas palavras difíceis e muitas fantasias que eu sei que nunca vai acontecer.
>
> [Gostei mais do final] por que é mais malvado. (A-LR-8)
>
> ENT – Você foi até que parte?
>
> EL – Até a metade
>
> ENT – Até a metade... e porque que você não conseguiu chegar até o final?
>
> EL – Ah... sei lá... fala uns (   ) lá e... sei lá... sei lá, muito embaraceiro lá..., o bagúio lá
>
> ENT – É? Você estava entendendo (o que você estava lendo)?
>
> EL – Mistura muito as coisas assim... aí eu não entendi

ENT – Muita coisa misturada?

EL – Aí eu não entendi muito (PP-AAM)

Fiquei com muita dó da Tia Nastácia porque ela não consegui um amor que queria.

Achei que a história faltou um pouco de amor entre os personagens. (M-SM-1)

ENT – se vocês pudessem conversar com o Lobato o que vocês diriam a ele?

...

KE – pra ele colocar mais ação nas histórias

Por fim, há um conjunto de respostas que justificam a rejeição à obra por razões que não são de ordem interna da narrativa, nem que estão associadas à materialidade do livro, mas que dizem respeito à situação artificial e arbitrária da "leitura escolar", ainda mais acentuada porque solicitada por uma equipe de pesquisa estranha ao grupo de sujeitos.

NI – Eu não gosto de ler

ENT – Você leu o livro num dia. Como é que você fala que não gosta de ler?

NI – Eu só li porque eu quero acabar logo pra:: me livrar...

ENT – Pra fazer outra atividade

NI – É

(A-CG)

São postas em evidência, nesse caso, as próprias coerções do processo, que, no seu limite, chegam ao angustiante e embaraçoso desabafo de um estudante, quando se sente acossado e posto contra a parede a respeito de uma leitura não realizada:

Não li porque... li umas partes e não gostei.

E por isso não li!

E meu avô tava no hospital, ele tava quase morrendo. (M-SM-5)

Ainda assim, uma escolha acertada

O caudaloso conjunto de dados coletados sobre a leitura de *O picapau amarelo* por alunos das seis classes de 7º ano pesquisadas sugere um paradoxo: o de que, embora a recepção largamente predominante da obra tenha sido, de uma perspectiva global, positiva, isso se dá na contramão de uma série de aspectos que esses mesmos dados põem em evidência e que levariam a crer que a obra seria objeto de uma recepção negativa. Dito de outra maneira: chega a ser surpreendente que tantos alunos reiterem, ao longo de seus depoimentos orais e escritos, que gostaram de *O picapau amarelo* e que, no momento das entrevistas, se tenham demonstrado tão motivados e cheios de vida para abordar a leitura da obra, apesar de tantas adversidades que são divisadas na configuração do processo de recepção.

É impressionante que um número tão significativo de estudantes tenha conseguido fruir a leitura dessa narrativa de Lobato, no que concerne a tópicos como sua dimensão de aventura e fantasia; sua riqueza de personagens (mesclando-se as do sítio com as de outras mitologias); o amplo intertexto que instaura, reapresentando situações de muitas outras histórias; o humor que perpassa situações e estilo; a linguagem da obra (particularmente aquela utilizada nos diálogos), tudo isso inserido num contexto de recepção que não parece oferecer condições minimamente propícias para a adesão à obra.

Afinal, como ignorar que o conjunto de alunos investigado demonstrou estar inserido num horizonte bastante diverso daquele implicado pela narrativa? Demonstra-se marcante, por exemplo, o desnível linguístico entre a obra proposta como leitura e o patamar verificado na produção escrita dos estudantes, que, de um modo geral, revela acentuada falta de domínio das mais elementares convenções de escrita e de mecanismos de coesão e coerência, assim como também deixa perceber um léxico algo restrito. Da mesma maneira, é patente como os alunos estão num patamar de letramento literário ainda muito incipiente: pequeno repertório de leituras e referências culturais; primeira vez na vida – para a absoluta maior parte dos leitores – que têm de enfrentar "um livro inteiro", com uma narrativa longa; falta de consciência da *ficcionalidade* em uma obra literária; pouca familiaridade com finais abertos; falta de hábito de leitura de obras sem ilustrações, mesmo as narrativas curtas.

Além disso, não se pode subestimar o fato de que os estudantes tiveram de lidar com uma obra escrita e lançada já há quase sete décadas (fato de que, aliás, não tinham consciência nenhuma, como revelaram no início das entrevistas) e que, portanto, não apenas possui uma linguagem que parece já muito distante do coloquialismo que a caracterizava em sua época, mas, sobretudo, que comunga de um outro *zeitgeist*: o de uma sociedade que ainda não havia sofrido nem mesmo a revolução propiciada pela televisão, quanto mais a das novas tecnologias, que imprimiram um ritmo vertiginoso ao nosso cotidiano e à produção cultural, seja no nível dos temas, seja no nível das formas. Nesse sentido, não espanta que aqueles alunos que assumiram não ter gostado da obra cobrem de Lobato mais ação, considerem a narrativa arrastada ou sintam sono ao ler...

Acrescente-se a esses aspectos o artificialismo da situação, com todas as coerções típicas de uma situação de leitura em ambiente escolar, ainda mais arbitrária porque o processo é conduzido por um grupo de pesquisadores sem convivência com os alunos; leve-se em conta a visão "escolarizada" que os próprios alunos demonstraram já ter introjetado na sua relação com a leitura e a literatura, e o quadro a que se chega é muito mais o de criar as bases para a rejeição de *O Picapau Amarelo*, do que favorecer sua recepção.

Assim, sobram razões para considerar admirável essa obra de Lobato, não apenas na esfera da produção, como foi destacado no início deste texto, mas também no âmbito de sua recepção, uma vez que, apesar da escola e na contramão da História, a narrativa se revela ainda bastante legível por um contingente representativo de nossos jovens leitores, causando-lhes prazer quase que à sua própria revelia, quando tudo parece estar tão preparado para que ocorra o oposto. E talvez pudesse ser este o mote para aproveitar o convite implícito que *O Picapau Amarelo* faz, convite tão bem percebido por um dos argutos jovens leitores da obra: o de que nos entreguemos sem pudor a exercícios de imaginação.

E, nesse caso, poderíamos então nos perguntar: como não teria sido a reação desses jovens leitores à obra, se, no momento em que lhes foi proposta a leitura, já tivessem podido assimilar, depois de tantos anos mergulhados na escolarização formal, um outro tipo de horizonte? Ou seja, se a escola tivesse cumprido de outra maneira seu papel, dando muito mais ênfase a questões basilares ligadas à leitura e à produção de textos, em que medida a recepção de *O picapau amarelo* não teria permitido a esses leitores uma fruição estética ainda muito mais intensa e a verticalização de seus múltiplos sentidos? Segundo essa perspectiva, não seria das mais acertadas a escolha dessa obra, como objeto significativo de um projeto de formação de leitores consistente? Não é preciso muito esforço de imaginação para chegar a essas respostas...

Referências

CECCANTINI, João Luís C. T. *A marca de uma lágrima* de Pedro Bandeira: entre o coração dos leitores e o da literatura In: AGUIAR, Vera Teixeira de; MARTHA, Alice Áurea Penteado (Orgs.). *Territórios da leitura: da literatura aos leitores.* São Paulo: Cultura Acadêmica; Assis: ANEP, 2006. p. 105-125.

CECCANTINI, João Luís C. T. Leitores de *Harry Potter*: do negócio à negociação da leitura. In: JACOBY, Sissa; RETTENMAIER, Miguel (Orgs.). *Além da plataforma nove e meia*: *pensando o fenômeno Harry Potter*. Passo Fundo: Ed. Universidade de Passo Fundo, 2005. p. 23-52.

CECCANTINI, João Luís C. T. Leituras de Lobato à moda lobatiana: *A chave do tamanho* lida por crianças do 5º ano do ensino fundamental. In: CECCANTINI, J. L.C.; MARTHA, Alice Áurea Penteado (Orgs.). *Monteiro Lobato e o leitor de hoje.* São Paulo: Cultura Acadêmica; Assis: Núcleo Editorial Proleitura, 2008. p. 11-26.

GÊNOVA, Mariana. O Picapau Amarelo: o espaço ideal e a obra-prima. In: LAJOLO, Marisa; CECCANTINI, João Luís. *Monteiro Lobato, livro a livro: literatura infantil.* São Paulo: Editora UNESP; Imprensa Oficial, 2008. p. 411-412.

Capítulo 3

CONSTRUINDO CONDIÇÕES PARA ESCOLHAS

AS OFICINAS DE LITERACIA DO VALE DO MINHO[1]

Maria de Lourdes Dionísio

Ou isto ou...

Escolhemos falar, ouvir, escrever, ler, agir, interagir, acreditar, valorizar, sentir de um determinado modo ou usar determinados objetos, símbolos, imagens, ferramentas e tecnologias quando tais modos e tais recursos fazem parte dos nossos *kits* de identidade - modos de estar no mundo a que recorremos sempre que temos de desempenhar um determinado papel social se queremos ser reconhecidos como membros de pleno direito de determinados grupos (Gee, 2001; Nudelman, 2004).

A aquisição e o desenvolvimento desses modos e recursos acontecem no envolvimento com a diversidade de culturas e pessoas, por processos de socialização em famílias de práticas (Freebody, 1992), padronizadas pelas suas linguagens sociais (Halliday, 1993; Heath, 1983; Gee, 1996, 2001). Nessa perspectiva, a participação em práticas culturais diversificadas e socialmente representativas, a familiarização com as linguagens sociais específicas dessas diferentes famílias de práticas, a apropriação dos recursos discursivos que as especializam são condições para a compreensão e a produção de sentidos nos

[1] Este texto toma como base, com autorização das suas autoras, o texto de DIONÍSIO; OLIVEIRA; MARTINS; CUNHA (2007).

diversos domínios sociais, particularmente aqueles em que os 'textos' desempenham um papel relevante. Por outras palavras, são condições para a literacia.

O projeto do Vale do Minho

Assunções e princípios estruturadores

O projeto (con)Viver com as Letras, desenvolvido durante dois anos (2006-2007), com cerca de sessenta jovens entre os 13 e os 17 anos, em cinco municípios do Vale do Minho, Norte de Portugal (Melgaço, Monção, Paredes de Coura; Valença e Vila Nova de Cerveira), teve como principal objectivo a criação daquelas condições.

Esses jovens, considerados "problemáticos" e cujo futuro na escola estava em risco, encontraram nas oficinas semanais, nas bibliotecas públicas dos seus municípios, lugares para alargar e adquirir os *kits* de identidade necessários para a sua participação "fluente, eficaz e crítica nos múltiplos eventos textuais e discursivos que caracterizam as atuais sociedades e economias semióticas" (Freebody; Luke, 2003, p. 53).

O projeto foi desenvolvido com base num conjunto de pressupostos relativos, por um lado, ao que é a 'literacia' e, por outro lado, às formas adequadas para a sua existência nas práticas sociais de uma população juvenil, cuja relação com a palavra escrita aparece, na maior parte das vezes, caracterizada como deficitária.

Em primeiro lugar, assumiu-se que todos os jovens são curiosos e gostam de saber coisas novas e que, por isso, a melhor forma para os envolver na leitura e na escrita seria criando condições para estimular a curiosidade que leva à produção do conhecimento; depois, que, nesse processo, a leitura e a escrita são meios únicos para aceder *a* e organizar esses conhecimentos que nos motivam.

Mais do que ler por ler ou escrever enquanto exercício escolar, a leitura, a escrita, tal como o ouvir e o falar nas interações com os outros, são meios para a aprendizagem (Wells, 2003; Pereira, 2008). Por isso mesmo, tudo o que se leu e escreveu nas oficinas dos sábados foi desde sempre inserido em práticas sociais e comunicativas mais vastas, aquelas em que quotidianamente nos envolvemos para realizar objectivos pessoais e de grupo. Nessa perspectiva, a leitura e a escrita foram inseparáveis do falar, do ouvir, do pensar, do agir e interagir no mundo e foram ganhando em complexidade à medida que os jovens iam participando também em experiências socioculturais novas.

Talvez por isso mesmo, nos relatos sobre as suas aprendizagens, as referências que os jovens fazem ao que aprenderam esteja para lá das aprendizagens ao nível da leitura e da escrita, situando-se, sobretudo, no "conteúdo" dessa aprendizagem.

Assumimos, também, uma perspectiva teórica que assenta no pressuposto de que uma boa parte das diferenças no desempenho escolar parece ter mais a ver com a relação dos sujeitos com as práticas e discursos da escola do que com *deficits* de capacidades (Cope; Kalantzis, 2000; Gee, 2001; 2004; Luke, 2003; Dionísio, 2008) e que, por isso, o desafio deveria ser o de fazer esses meninos e meninas "frequentar", sempre que possível de forma consciente e sempre que necessário de forma explicitamente orientada, as linguagens especializadas de múltiplos domínios do saber e dos contextos da sua produção e transmissão.

Acreditamos, em suma, que a aprendizagem e, para ela, a leitura e a escrita, é sobretudo uma questão de investimento pessoal e que este precisa de condições adequadas para acontecer. Tais condições seriam, por exemplo, a valorização das experiências de cada um, mas ao mesmo tempo o contínuo desafiar para o seu alargamento e consciencialização dos seus limites.

Assim, no que diz respeito ao entendimento da "literacia", foram os seguintes os princípios estruturadores das atividades:

- A leitura e a escrita são inseparáveis do falar, ouvir, interagir; pensar e agir sobre o mundo;

- Os significados do que se lê e as experiências no mundo material e social estão interligados;
- Ler e escrever não são verbos intransitivos;
- As aprendizagens significativas são as que acontecem em cenários autênticos, onde os sujeitos desempenham múltiplos papéis leitores e sociais;
- Nessas situações autênticas, as pessoas transformam e produzem conhecimento não sendo apenas consumidores.

Tratou-se, então, de incentivar, disponibilizar e aperfeiçoar recursos cognitivos e materiais que tivessem "valor de troca" nos atuais contextos em que a palavra escrita é predominante e que, como tal, fossem reconhecidos e apropriados pelos jovens. Para que isso fosse possível, as monitoras tiveram como função primeira estimular e apoiar as discussões, nos e entre os grupos, disponibilizar as metalinguagens necessárias para uma prática consciente e refletida, proporcionar e incentivar trocas comunicativas substantivas que colocassem as meninas e os meninos noutras posições que não apenas a de "respondentes" ou consumidores de conhecimento.

Nesse apoio sistemático e partilha de um saber que acaba por ser reconhecido, não como uma ameaça, mas como significativo para a execução das tarefas, deu-se corpo a expectativas elevadas sobre o potencial dos jovens, ao encorajamento consistente para a realização de tarefas progressivamente mais desafiadoras, ao aumento gradual da exigência das atividades, da extensão dos textos a ser manipulados, da complexidade dos tópicos a ser discutidos.

As oficinas de literacia: (con)vivendo com as letras

Estruturado à volta de projetos pessoais e/ou coletivos, cuja complexidade de conteúdo e forma ia aumentando à medida que os adolescentes iam ultrapassando barreiras e ganhando domínio das diversas ferramentas e estratégias para pensar e agir verbalmente sobre o mundo, o trabalho desenvolvido gerou contextos em que teve lugar uma contínua interação *com* textos, *sobre* textos e *por meio de* textos: interpretando, produzindo, reformulando, interpelando, negociando e construindo saberes, em função das finalidades sociais que os variados géneros textuais cumprem.

Nesses contextos, a produção e o "consumo" do conhecimento estão sempre interligados, não havendo fronteiras entre eles. Quer isso dizer que desses jovens não se esperava apenas o desenvolvimento do papel de consumidores de conhecimento, mas, sobretudo, o de agentes ativos na sua produção. Talvez por isso mesmo, o reconhecimento de que, *ali, se trabalhava mais*, como viria a dizer um dos jovens, não tivesse sido impedimento para o entusiasmo com que ao longo do projeto, as oficinas foram frequentadas.

Todas as atividades – variáveis em função das características e possibilidades dos grupos, bem assim como dos recursos materiais à disposição nos cinco municípios – foram objeto de discussões guiadas pelas monitoras, pelas quais se visava a reflexão sobre o trabalho em curso e sobre o que se pretendia atingir. A natureza e o género dos textos, a configuração do conhecimento que aqueles representam, os modos e os recursos materiais envolvidos, as relações entre esses modos e as tecnologias que os tornam possíveis, bem assim como os objectivos comunicativos visados ou os usos sociais e os papéis dos sujeitos nessas práticas comunicativas foram tópicos possíveis para um pensar e um fazer em voz alta que deu forma, entre outros aspectos e para além dos atos sociais que representam, ao pensamento analítico, classificatório, hipotético, etc. que se pretendia igualmente desenvolver, por ser este também específico da escola.

Nesse sentido, conjuntamente com a estimulação da curiosidade e da vontade de aprender, que se tinha como ponto de partida para o envolvimento nessas novas experiências com a literacia, incentivava-se o pensamento profundo, o desenvolvimento de uma gama variada de operações cognitivas, a criatividade, a atenção e a memória, características com "peso" nas atividades escolares com que esses jovens não mantinham uma relação feliz. Apelos como o do Bruno:

> *"Queria pedir ao Sr. Presidente da Câmara para que em Setembro, quando a escola começar, continue o Projecto Dar Vida às Letras"*

são sem dúvida indicadores de que essa relação, por acção do projecto, começou a mudar.

As leituras

Sempre assumidas como parte integrante de atividades sociais mais vastas – comunicar com os outros; recolher informação para a realização de um trabalho em mãos; aprofundar conhecimentos prévios e dispersos; resolver uma dúvida momentânea, informar-se sobre factos do mundo atual ou sem outra finalidade que não "deleitar-se", as leituras realizadas nas oficinas (ou por causa delas) cobriram, de forma intencional e sistemática, a variedade de tipos de leitura que caracteriza o dia a dia dos cidadãos de uma sociedade em que a palavra escrita tem cada vez mais o principal papel.

Num quadro de finalidades que se podem sistematizar segundo são mais privadas ou públicas, relativas a contextos formativos e escolares ou mesmo a contextos de trabalho, estiveram, assim, particularmente presentes a leitura ocupacional, a leitura informativa e a leitura recreativa (GOODMAN, 1984). No seu âmbito, por meio de leituras em voz alta (para audiências mais ou menos numerosas), leituras em silêncio, leituras partilhadas e discutidas... os jovens viram-se envolvidos em múltiplos modos de ler, desenvolvendo, por isso, a gama de operações mentais e linguísticas que caracterizam tanto atividades de leitura escolar como de contextos para além da escola. Leram guiados por perguntas de pesquisa e, por isso, para extrair informações específicas; leram apenas pela curiosidade de ficar a conhecer "coisas novas", outros mundos e outras gentes; leram para construir interpretações pessoais a partilhar posteriormente (ou não); leram também para tomar posições sobre a forma e conteúdos dos textos...

A essas leituras para uso privado, movidas pela necessidade de satisfazer interesses e curiosidades pessoais, mas também públicas, por exemplo, para estabelecer relações interpessoais, ou orientadas por finalidades mais ou menos imediatas, andaram associados, naturalmente, distintos objetos de leitura. Essa diversidade foi representativa, pelo seu conteúdo, forma e suporte, da multiplicidade de textos possíveis que hoje temos ao nosso dispor e se nos impõem. Para "lazer", para "fazer" ou para organizar o quotidiano de cada um e das oficinas (reconhecendo-se que essas divisões não são estanques), leram-se, então, desde poemas a aventuras e outras narrativas, a textos de história, de arte, de ciência, de geografia, de informação geral, passando também por notícias, *e-mails*, bilhetes, brochuras, folhetos, formulários ... Até distintos modelos de currículo, que muito cativaram os jovens (*O meu currículo é o meu bilhete de identidade*, viria a concluir posteriormente o Tiago de Melgaço), foram textos lidos, discutidos, apropriados.

Se esses textos variaram de grupo para grupo, dados os distintos projetos em que cada um estava envolvido, dois houve que foram comuns a todos: *O assassino leitor*[2] e as instruções para abrir uma caixa de correio eletrônico.

A leitura, individual e colectiva, d'*O assassino leitor* ocorreu integrada nas acções promovidas pelo grupo de teatro Comédias do Minho, que colaborou no projeto e foi catalizadora de um vasto conjunto de outras atividades, nomeadamente a escrita.

Apesar de a abertura da caixa de correio electrônico ter sido uma das primeiras tarefas realizadas, foi uma das que acabou a ter lugar de destaque entre as mais recordadas pelos diferentes grupos. Na verdade, aquela caixa permitiu-lhes a abertura a um mundo de comunicação que sabiam existir, mas em que a maioria daqueles adolescentes não tinha ainda podido entrar.

---

[2] *O assassino leitor* é um dos volumes da colecção juvenil "Triângulo Jota", da autoria de Álvaro Magalhães, publicada pelas Edições ASA, Porto.

Tendo em conta os objectivos do projeto, designadamente o de desenvolver nesses rapazes e raparigas recursos linguísticos e textuais para lidar com os textos "escolares", uma parte significativa dos textos lidos incluiu-se no grande grupo dos textos informativos/explicativos. Por meio deles, visava-se, em coerência com as perspectivas assumidas sobre a construção de sujeitos letrados, a apropriação das "linguagens" que especializam as formas de transmissão do saber escolar, entre outras: a definição, a explicação, a argumentação, a formulação de problemas e hipóteses, a apresentação de conclusões...

Todos esses textos, nos seus múltiplos formatos e suportes, apresentaram-se, desse modo, como recursos sem os quais a vida não pode ser vivida. A sua autenticidade e o facto de estarem à disposição imediata do utilizador (recordemos que as oficinas tinham lugar nas bibliotecas públicas), permitindo que se pudesse saltar do livro para a revista, desta para o computador, daqui para um folheto, deste para um dicionário..., reforçaram o caráter social e pessoalmente significativo das atividades desenvolvidas e das aprendizagens realizadas. Não foi de admirar, portanto, que começasse a ser natural ouvir, durante as oficinas, coisas como:

> "*Vou já ver no dicionário a diferença entre racismo e preconceito*" (Tiago, Melgaço).
>
> "*Agora já não precisas de me ajudar a procurar na Internet... eu sei fazer isso sozinho...*" (José D., Melgaço).
>
> "*Acho que valeu a pena o trabalho. Adoro este tipo de livros... gostaria muito de repetir a experiência*" (Tiago, Vila Nova de Cerveira).

As escritas

Acompanhando a leitura e a conversação ou delas sendo a causa primeira, a escrita assumiu, também, diferentes funções e formatos. Das pequenas frases, legendas, palavras, preenchimento de espaços, com que se iniciou o processo de desbloqueio (comum entre quem a escrita é sobretudo um meio para se ser avaliado); dos primeiros textos de apresentação pessoal (mais tarde acrescentados da informação detalhada e especializada sobre a origem dos nomes próprios de cada um e de cada uma), passou-se progressivamente a textos mais extensos e formalmente adequados às atividades sociais em que os jovens se iam envolvendo.

A escrita para comunicação imediata, por meio de *e-mails* ou bilhetes, por exemplo, às monitoras, e de convites; a escrita de comentários no blogue dos Amigos de Monção, de pequenas notícias ou de respostas a desafios colocados sob a forma de enigmas... acompanharam tanto a escrita espontânea e para expressão pessoal de poemas e pequenas narrativas como a escrita de construção, organização e apresentação de conhecimento.

A realização de exercícios controlados (que ocorriam a maior parte das vezes no âmbito de jogos de uso de linguagem escrita) e a sistematização dos conhecimentos adquiridos nas leituras, quer em simples cartazes de cartolina quer em apresentações mais sofisticadas (como as que fizeram por recurso ao *powerpoint*, que a maioria aprendeu a manipular nas oficinas), deram origem a uma constante atividade de planificação, textualização e revisão, onde o dicionário, o prontuário e/ou o corretor ortográfico (ou as monitoras na sua vez) foram recursos de presença imprescindível; onde também saltar da leitura para a escrita e desta para outros textos foi prática corrente.

A maior parte dos textos foi produzida no âmbito de projetos de trabalho cujo conteúdo e forma se foram complexificando à medida que os jovens iam desenvolvendo familiaridade com os recursos da escrita. Essa cada vez maior familiaridade acabou por possibilitar a concretização de um dos princípios que se tinha para a escrita no âmbito das oficinas: o de se escrever sempre que possível com fins comunicativos reais. A criação do blogue e o acolhimento do projeto pelos meios de comunicação locais criou condições para que tal acontecesse. Para o jornal *Melgaço Hoje*, por exemplo, os jovens escreveram sobre as suas visitas, enviaram poemas e escreveram textos de intervenção social. Num desses textos podemos ler:

> *"Aproveitando o facto de podermos escrever para o nosso jornal regional, o Melgaço Hoje, decidimos fazer uma crítica construtiva sobre o nosso maior património, ou seja, sobre a nossa capacidade de acolher e receber os outros [...]. Por isso, vamos abordar conceitos sobre racismo, xenofobia e preconceito bem presentes em algumas pessoas que insistem em rejeitar a diferença [...] "* (André, Filipe e Tiago).

Dessa experiência, com potencialidades para se constituir como prática regular por parte desses jovens, resultou uma rede de comunicação que, inclusivamente, atingiu as suas famílias: os jornais foram levados para casa e as colaborações por todos partilhadas, como nos relatou uma mãe de Melgaço, orgulhosa com a notícia no jornal sobre a visita à Casa da Música de que a filha tanto tinha falado.

Num processo em que a leitura, a escrita e a discussão andaram muito intimamente ligadas, organizaram-se portfólios, como, o das profissões, para os quais se realizaram recolhas e organização de informação sobre percursos e perfis profissionais. Dos produtos resultantes é exemplo o portfólio de Engenharia Informática organizado pelo Alberto de cujo índice constavam os seguintes pontos:

1. Posicionamento da Engenharia Informática
2. História das Engenharias
3. Objectivos do Curso de Engenharia Informática
4. Saídas Profissionais
5. Curriculum Vitae

Para o *Curriculum Vitae*, que todos preencheram para as suas novas identidades profissionais, o Alberto imaginou-se numa posição em que, por causa do seu percurso acadêmico de mérito, já era:

Assistente no Departamento de Informática (DI) da Universidade do Minho; Investigador no group KDBIO (Knowledge Discovery and Bioinformatics Group) do INESC-ID, Lisboa.

Noutras oficinas, foram-se escrevendo pequenas histórias colectivas, guiões para *peddy-papers*, lendas recolhidas junto de amigos e familiares, pequenos guias e roteiros das regiões (para os quais se recolheu, em inúmeras fontes, a história das vilas e dos seus monumentos, as lendas associadas aos locais, a origem das festividades e, no caso de Vila Nova de Cerveira, os locais associados à arte, dada a Bienal que aí se realiza desde há vários anos).

Algumas dessas escritas tiveram mesmo direito a prémio, como o texto com que o Tiago concorreu, na modalidade Crítica, ao Concurso "Uma Aventura ...".

Mas prémio foi também ouvir um dos jovens dizer:

> "*Até já escrevo um diário...*"

ou uma professora comentar:

> "*Quem os viu e quem os vê! Notou-se uma grande melhoria em todos os jovens...*"

Para além da leitura e da escrita, mas também por causa delas

Acreditando-se que os sentidos do que se lê e do que se escreve estão intimamente ligados às experiências de cada um no mundo material e social, as oficinas estenderam-se para lá das bibliotecas e o projeto aconteceu também em espaços como museus, universidades, parques, outras cidades, no âmbito de visitas organizadas e intencionalmente integradas no programa de atividades. Concretizou-se também em dois colóquios, especialmente organizados para esses adolescentes, no âmbito de um dos eixos do projeto – "À descoberta dos outros" –, nos quais eles tiveram a possibilidade de interagir com duas personalidades de relevo, nesse caso, dois jovens – um advogado e guionista premiado e um biólogo – cujas vidas pessoais e profissionais e, nelas, o papel da leitura e da escrita, se esperava pudessem servir de estímulo, aos jovens do projeto, no pensar de mundos alternativos àqueles a que muitas vezes se julgam confinados.

Visava-se, tanto com as visitas como com os colóquios, criar oportunidades para o acesso a modelos culturais – e, aqui, a linguagens, a atitudes, a formas de estar, aos *kits* de identidade – que podem facilitar a compreensão dos saberes, nomeadamente os transmitidos e valorizados pela escola.

No Museu de Serralves, na Casa da Música, na Universidade do Minho, no AquaMuseu, no Parque Nacional da Peneda-Gerês, no Palácio da Brejoeira, em Monção, no aeroporto, no Visionarium, no Notícias de Coura, entre muitos outros lugares e espaços visitados, na interação com o jovem escritor ou com o jovem cientista foram adquiridos conhecimentos, posteriormente transformados nos textos produzidos. Mas talvez mais relevante do que isso tenha sido a possibilidade de participação em práticas de linguagem específicas daqueles mundos que iam conhecendo e onde puderam entrar sem se sentirem diminuídos; pelo contrário, aí, nessas visitas e colóquios, os adolescentes foram pessoas "importantes". Falar de arte, de computação, de mundos aquáticos, de livros, de teatro, da vida de um biólogo... foi o modo real e, por isso, significativo de aceder a estruturas, por exemplo, de vocabulário e de sintaxe que de outra maneira dificilmente alguma vez encontrariam.

As características dos portfólios produzidos não serão alheias a essas experiências. Ao mesmo tempo, também, as características das visitas, em que os jovens eram guiados, podemos dizer, por "textos explicativos" especializados, criaram condições para a concretização de algumas dimensões pedagógicas instituídas como fundamentais nas oficinas: a instrução explícita (por recurso sistemáticos à instrução explícita das estratégias para pensar e fazer e à explicitação de critérios de qualidade, por exemplo, dos textos a produzir); a qualidade intelectual (estimulando a manipulação do conhecimento, o aprofundamento da compreensão e a problematização do conhecimento, favorecendo uma comunicação "substantiva" e não evitando a metalinguagem); a interligação sistemática dos saberes (estabelecendo relações com o conhecimento prévio e experiências dos jovens à medida que vão sendo introduzidos no "novo"; relacionando as tarefas e as competências envolvidas bem assim como o seu valor para além das oficinas).[3]

Essas experiências sociais foram lugar também para atitudes e formas de estar, como o escutar atento ou a participação organizada, que só a sua vivência permite, de facto, desenvolver.

Entre as dificuldades, as muitas conquistas...

Pelo meio das dificuldades inerentes a um projeto em que, desde logo, sobressaía a heterogeneidade dos grupos e a dificuldade de criação de atividades que atendessem a cada um sem pôr em risco o funcionamento do grupo ou a criação de regras de trabalho, num ambiente que se queria simultaneamente de concentração e de descontração; a difícil relação com tarefas de tipo "escolar" como as que exigiam a autocorreção e reformulação, a interligação dos saberes, a adopção de atitudes metódicas e sistemáticas para a elaboração de um trabalho, a atenção e a concentração por tempos longos, sobressaem naturalmente as conquistas.

Entre essas conquistas, e como prova inegável de que as dificuldades foram cedo ultrapassadas, uma houve que desde cedo fez acreditar no sucesso do projeto: a assiduidade regular dos grupos, apesar dos esforços que alguns dos jovens tinham de fazer para o conseguir:

> "*Vir para a Biblioteca ao sábado de manhã já faz parte do nosso fim-de-semana*" (André)

ou a valorização do esforço que o trabalho ali envolvia:

> "*Aqui trabalhamos mais... mas é melhor...*" (Jarson)

[3] Estas três dimensões pedagógicas e as categorias em que cada uma se concretiza têm sido usadas para caracterizar as pedagogias "produtivas". A esse propósito veja-se KRAMER-DAHL *et al.* (2003).

A seu lado, não podem ficar esquecidas: o desenvolvimento da autonomia – "*Agora já não precisas de me ajudar...*" (José D.) – o espírito de entreajuda criado, a participação voluntária nos espaços de debate e discussão; a frequência de leituras e de textos antes desconhecidos e recusados; a flexibilidade no uso de recursos diversos para a construção de conhecimentos; o uso da escrita para expressão pessoal...

Mas conquistas foram também:

> *A Adriana já ser capaz de consultar um dicionário; a Sofia ter começado a gostar de ler e ter descoberto os Harry Potter na biblioteca; o prazer do Rui em fazer as pesquisas na Internet que nunca tinha feito; os irmãos Hugo e Zé a aprenderem a trabalhar com o Word; o entusiasmo do Cristóvão depois de se levantar às 6 da manhã para apanhar batatas para depois poder ir ao projeto... a melhoria das notas escolares em casos mais problemáticos; o Jota não abandonar a EPRAMI,*[4] (Notas dos diários das monitoras)

a par de muitas pequenas outras coisas que certamente cada um identificou ou sentiu em si próprio, mas dificilmente captáveis em indicadores visíveis e quantificáveis.

Ainda assim, da avaliação externa final, ressaltam como indicadores: os artefactos produzidos e, sobretudo, a evolução da sua qualidade linguística; a expressão oral e a progressiva desinibição de cada um; a presença nas sessões e o regresso após cada interrupção; as mudanças de atitudes e até desempenhos verificados em algumas escolas; a relação com práticas socioculturais da comunidade: a colaboração consolidada com os jornais e rádios locais; a frequência da Biblioteca Pública e tornar-se seu utente... até hoje, segundo continuam a informar as bibliotecárias.

Da mesma avaliação[5] (efetuada, no início e no fim do projeto, por questionários e entrevistas, para além da observação directa) constam dados relativos, entre outros: ao "gosto por andar na escola" (o número dos que diziam "não gostar" passou dos 15%

---

[4] A EPRAMI é a Escola Profissional do Alto Minho Interior.

[5] A equipa de avaliação externa do projeto foi coordenada pelo sociólogo Albertino Gonçalves, docente do Instituto de Ciências Sociais da Universidade do Minho.

em 2006, para 3% em 2007 e o dos que diziam "gostar e gostar muito" passou de 52,5% para 72,8%); à "vontade de deixar a escola" (passou de 40% para 22,6%); à "indicação de um livro que andassem a ler ou do último que leram e respectivo autor" (foram capazes de o fazer, em 2006, 32,5%, em 2007, 47,1%).

Essas conquistas dever-se-ão, em muito, acreditamos, ao processo pelo qual, em vários lugares e de várias formas, se produziu uma imagem do jovem como inteligente, imaginativo e linguisticamente talentoso; se reconheceu e valorizou o seu capital linguístico e cultural; se abriram, para cada um, horizontes de expectativas pessoais e sociais muito para além dos limites das montanhas que rodeiam as suas vilas e aldeias.

Mas sobretudo, o projeto valeu pelas condições de inclusão geradas: para alguns desses adolescentes foi a primeira vez que entraram numa biblioteca pública, que viram um museu, que usaram um computador ou fizeram uma apresentação em *power-point*..., que viram (e viveram) peças de teatro, que leram textos em público, livros até ao fim...que escreveram para um jornal...

Nessas condições, o espaço vazio da alternativa – *ou isto ou...* – foi preenchido, para esses sessenta adolescentes, com múltiplas possibilidades para o *aquilo.*

Referências

COPE, Bill; KALANTZIS, Mary (Eds.). *Multiliteracies.* London: Routledge, 2000.

DIONÍSIO, M. Lourdes. Multiliteracies Pedagogy: an interdisciplinary endeavor. In: MALTAIS, C. (Ed.). *Perspectives on multiple literacies: international conversations.* Alberta: Detselig Enterprises Ltd., 2008. p. 75-82.

DIONÍSIO, M. Lourdes; OLIVEIRA, Mónica; MARTINS, Lurdes; CUNHA, Lídia. (Con)Viver com as letras ou o que foram e como foram as oficinas das novas experiências com a literacia no Vale do Minho. In: GONÇALVES, A.; VIANA, F. L.; M. L; DIONÍSIO, F. L. (Orgs.). *Dar Vida às Letras: promoção do livro e da leitura.* Valença: Comunidade Intermunicipal do Vale do Minho, 2007. p. 47-58.

FREEBODY, Peter. *A socio-cultural approach: resourcing four roles as a literacy learner.* (1992) Disponível em: <http://www.myread.org/readings_freebody.htm>. Acedido em: 23 jun. 2000.

FREEBODY, Peter; LUKE, Allan. Literacy as engaging with new forms of life: the 'four roles' model. In: BULL, G.; ANSTEY, M. (Eds.): *The Literacy Lexicon* 2. ed. Australia: Prentice Hall, 2003. p. 51-66.

GEE, James Paul. Reading as situated language: a sociocognitive perspective. *Journal of Adolescent & Adult Literacy*, v. 44, n. 8, p. 714-725, 2001.

GEE, James Paul. *Situated language and learning. A critique of traditional schooling*. New York & London: Routledge, 2004.

GEE, James Paul. *Social linguistics and literacies. Ideology in discourse*. 2. ed., London: Taylor & Francis, 1996.

GOODMAN, Kenneth. Unity in reading. In: PURVES, A. C.; NILES, O. (Eds.). *Becoming readers in a complex society. Eighty-third yearbook of the National Society for the Study of Education: Part I*. Chicago: University of Chicago Press, 1984. p. 79-114.

HALLIDAY, M. A. K. Towards a language-based theory of learning. *Linguistics and Education*, 5, p. 93-116, 1993.

HEATH, S. B. *Ways with words. Language, life, and work in communities and schools*. Cambridge: Cambridge University Press, 1983.

KRAMER-DAHL, Anneliese; CHIN SOON, Peter Teo; TI YONG, Alex Chia; CHURCHILL, Karina. *Three dimensions of effective pedagogy: preliminary findings, codings and vignettes from a study of literacy practices in Singapore secondary schools (observation phase)*. Centre for Research in Pedagogy & Practice, National Institute of Education, Singapore (manuscrito cedido pelos autores), 2003.

LUKE, Allan. Literacy education for a new ethics of global community. *Language Arts*, v. 81, n. 1, p. 20-22, 2003.

NUDELMAN, Brian. Classrooms: Resistance, Hybrid Discourse, and Working-Class Classed Literacies. *Academic Exchange-Extra*, February 2004, Article 1. Disponível em: <http://asstudents.unco.edu/students/AE-Extra/2004/2/Art-1.html>. Acesso em: 12 jun. 2008.

PEREIRA, Íris Susana. Towards a characterization of the literacy teaching and learning context in the primary school in Portugal: A research on students competencies and teachers' conceptions and practices. International Council on Education for Teaching (Org.), *2008, ICET International Yearbook*, 1 CD-Rom, 2008. p. 479-488.

WELLS, Gordon. Los niños se alfabetizan hablando. In GARCIA, J. R. (Ed.). *Enseñar a escribir sin prisas... pero con sentido*. Sevilla: Publicaciones M.C.E.P., 2003. p. 54-76.

Capítulo 4
CONSTRUINDO UM JOGO DE ESCOLHAS

Vera Teixeira de Aguiar

Quando as escolhas de leitura estão em jogo, cabe-nos explicitar nossos critérios, derivados de uma determinada concepção de literatura. Consideramos, aqui, o vasto campo literário, como propõe Pierre Bourdieu, composto de um sistema de produção, circulação e consumo de livros, objetos simbólicos representativos dos valores e comportamentos de uma dada sociedade. Importam, pois, os autores, as características intrínsecas das obras, os mecanismos de composição dos livros (projeto gráfico, ilustração, edição, revisão) e, sobretudo, o leitor propriamente dito e suas preferências e maturidade de leitura. As interfaces que se estabelecem geram um movimento em que diferentes sujeitos atuam, segundo a posição que ocupam: além de escritores e leitores, temos aqueles que decidem e executam o trabalho de produção dos livros em suas várias instâncias, seguidos dos responsáveis pela mediação entre o material de leitura e seu consumidor. Só a atenção, pois, às relações entre todos esses agentes no complexo campo literário, em interface com os demais campos que compõem o todo social, pode fornecer elementos para o estabelecimento de critérios que orientem a seleção das obras.

Em se tratando da leitura infantil e juvenil, entre todos os elementos que interagem no processo, avulta justamente o papel do mediador entre o leitor e o livro, situado em muitas das instâncias referidas, mas sempre um adulto em direção a uma criança ou a um jovem. Em grau maior ou menor, ele interfere na indicação de leitura, em várias situações sociais, a começar pelas familiares e as escolares, privilegiando textos e modos de ler. As influências de tal mediador acontecem mesmo quando a leitura se dá espontaneamente, por decisão e escolha do novo leitor, que reage positiva ou negativamente aos exemplos e modelos que intui, a partir das atitudes dos mais velhos. Seus interesses, nesses casos, referendam ou negam aquilo que percebem como o comportamento esperado com respeito ao material letrado. Como o mediador adulto reflete sempre uma concepção de infância e juventude, dialogando com as várias instâncias sociais que difundem a leitura, seu papel é o de parâmetro para as preferências do leitor. Nesse contexto, ao avaliarmos e selecionarmos o material ao dispor do público, exercemos também a função de mediação e é, assim, com um olhar de dentro do processo, que nos propomos a discutir a questão.

Para essa tarefa, vamos nos ater ao livro e ao leitor, certos de que o primeiro cataliza todo o esforço de criação, produção e circulação até a nós chegar, e o segundo é o destinatário a que, em princípio, ele se dirige (mesmo que não necessariamente, porque a literatura infanto-juvenil é **também** para as crianças e jovens). Estamos certos, portanto, de que o adjetivo que nomeia tal literatura é inclusivo, e não excludente, isto é, tal obra não se distingue das demais e acata os leitores de todas as idades. Excludente é a literatura para adultos que, por si só, afasta o pequeno leitor. Mesmo assim, muitos textos escritos para adultos (e as *Viagens de Gulliver*, de 1726, do autor inglês Jonathan Swift, é um dos exemplos clássicos, como refere Cecília Meireles), até hoje figuram entre os de maior sucesso entre as crianças e os jovens. Inversamente, livros destinados a eles conquistam um público distinto, como os de Lygia Bojunga, Bartolomeu Campos Queirós ou Jorge Miguel Marinho.

Assim sendo, vamos estabelecer alguns quesitos da obra literária, produto final, enquanto texto e enquanto livro, como quer Roland Barthes e confirma Emmanuel Fraisse. Se o texto se inscreve na linguagem, como campo de prática teórica, epistemológica e existencial, o livro é o objeto concreto, acabado, que se tem em mãos, portador do texto. É esse o produto computável que se oferece ao leitor. Nesse sentido, também o livro está carregado de significados, não funcionando apenas como suporte de transmissão dos conteúdos do texto. Toda a sua arquitetura resulta de tomadas de decisões em direção da mensagem a transmitir. Portanto, a ele vamos nos ater, em seus aspectos textuais e materiais. Isso posto, estabelecemos critérios que dizem respeito ao texto (tema tratado, gênero, linguagem, estrutura e forma), de um lado, e outros referentes à composição do livro (projeto gráfico, ilustração, capa), de outro. No entanto, todos esses tópicos, dos quais cobramos qualidade estética (aqui entendida como o arranjo peculiar das diferentes linguagens, em função das mensagens a serem transmitidas, abertas, a uma pluralidade de sentidos), precisam ser avaliados dinamicamente, em sua interação com o leitor.

Para que isso aconteça, a literatura, como objeto simbólico, isto é, como produto físico que aponta para um significado plural, humano e universal, é concebida em todas as suas trocas sociais. Daí resultam as possibilidades de significação do livro literário, que se dá à leitura através de inúmeras chaves de entrada, segundo as condições psicossociais em que ela se efetua. Uma obra, por isso, não vale apenas pelo texto impresso, mas pela concepção de livro e leitor que traz consigo, aberta a múltiplas interpretações.

Do ponto de vista do leitor, cabe-nos trabalhar com o conceito de adequação, que aproxima crianças e jovens da literatura. Então, podemos falar em idades de leitura, desde a mais simples até a mais complexa, considerando a fase do desenvolvimento em que a criança e o jovem se encontram. Necessariamente, essas etapas não são rígidas, podendo se manifestar em momentos diferentes na vida de cada um. O que importa é pensar que todo sujeito que se torna leitor passa por essas fases e a elas volta quando sente necessidade. Significa dizer que o amadurecimento do leitor não se opera aos saltos, mas as dificuldades vão sendo vencidas uma a uma. Não podemos esperar, por exemplo, que um leitor iniciante se arrisque com sucesso em um livro literário destinado ao mais experiente. Contudo, o inverso não é verdadeiro: o leitor maduro pode sempre regressar com prazer à simplicidade dos objetos de leitura mais infantis.

Nesse sentido, pesquisas como as de Richard Bamberger ou aquelas que realizamos na PUCRS têm chamado a atenção para as idades de leitura. Conforme Jean Piaget, durante os primeiros anos de vida e o período que antecede à alfabetização, a criança vai iniciando-se em capacidades e habilidades que a tornarão apta à aprendizagem da leitura. É o momento da construção dos símbolos e do desenvolvimento da linguagem oral e da percepção, que permitem o estabelecimento de relações entre as imagens e as palavras. Os interesses infantis dirigem-se, nessa fase, para histórias curtas e rimas, em livros com muitas gravuras e pouco texto escrito, que permite a descoberta do sentido muito mais através da linguagem visual que da verbal. Paralelamente, estão presentes as histórias mais longas, que falam das situações do cotidiano (de modo realístico) ou dos problemas infantis (através da fantasia) e são lidas ou contadas pelo adulto. Por essas razões, a criança insiste na retomada constante dos contos e dos poemas, como um processo eficaz para o desenvolvimento interior e o domínio do mundo ao redor, papel que as histórias em lenga-lenga e os textos poéticos compostos de sons e versos repetitivos exercem com sucesso.

Aqui se encaixam, por exemplo, as peripécias de Rei Rolo (*Rei Rolo e a procura, Rei Rolo e o banho, Rei Rolo* e *Rei Chico*), de David Mackee, publicadas pela Editora Ática, em 1981, que tratam dos afazeres diários dos pequenos, ou *Alguns medos e seus segredos*, de Ana Maria Machado, com a chancela da Editora Frente, em 2007, livro composto por três contos que tematizam o medo a partir de um ponto de vista distinto: no primeiro, é a mãe que tem medo; no segundo, as crianças temem as figuras comuns ao imaginário infantil e o filho do caseiro, a fome; no terceiro, o menino tem medo de lobo e o lobo, de caçador. Como vimos, a temática desdobra-se em múltiplas facetas, mostrando à criança que o medo pode estar em muitos lugares, faz parte da vida e pode ser enfrentado. A literatura, portanto, provoca a interação do sujeito com a realidade exterior, ao mesmo tempo que o ajuda a resolver seus conflitos internos, ao representá-los simbolicamente na construção das personagens e suas ações .

Quando a criança entra no período de alfabetização, começa a decifrar o código escrito e faz uma leitura silábica e de palavras. A motivação para ler é muito grande, e a escolha recai sobre livros semelhantes aos da etapa anterior, agora decodificados pelo novo leitor. É importante, contudo, que os textos não sejam escolhidos apenas por sua facilidade de decodificação, mas estimulem a fantasia, a criatividade e o raciocínio do leitor iniciante, promovendo, por conseguinte, sua competência linguística e imaginativa.

A partir de então, ele evolui da simples compreensão imediata à interpretação das ideias do texto, adquirindo fluência no ato de ler. A aquisição de conceitos de espaço, tempo e causa, bem como o desenvolvimento das capacidades de classificar, ordenar e enumerar dados permitem que a criança se adentre mais nos textos e se volte para leituras mais exigentes. Esse é um período em que se mantém a mentalidade mágica, quando o leitor vai buscar, nos contos de fadas, nas fábulas, nos mitos e nas lendas, aqueles ingredientes simbólicos necessários à elaboração de suas vivências. Através da fantasia, vai compreender melhor a realidade que o cerca e o seu lugar no mundo, sem precisar de enfrentar os problemas diretamente, porque a literatura os coloca a sua frente, para que possa trabalhá-los livremente, introjetando as soluções apresentadas.

Por isso, os contos de fadas tradicionais alimentam o imaginário infantil e contemplam, no plano mágico, as situações que a criança vive em sua descoberta do mundo. À sua semelhança, os contos modernos revitalizam o gênero, como *O vestido luminoso da princesa*, de Ivan Ângelo, em edição de Richmond, em 2006. O tratamento dado ao tema, caro aos contos de fadas tradicionais, do bem que vence o mal da inveja, enriquece-se pela linguagem, que se vale de diálogos, oposições, verbos de ação. O desenrolar da trama afirma o valor da fantasia e do modo mágico de ver o mundo. Nesse sentido, o texto valoriza o universo infantil, aceita a criança como ela é e abre-lhe horizontes para novos contos de fadas, em outros mundos possíveis.

Aos poucos, os elementos mágicos vão dando lugar aos dados do mundo, e passam a interessar histórias em que fantasia e realidade estão lado a lado. Um exemplo já clássico de composição desse tipo vamos encontrar em *Os meninos da Rua da Praia*, de Sérgio Capparelli, publicado em 1979 pela Editora L&PM, em que o cotidiano sofrido dos meninos favelados e vendedores de jornais convive com a humanização da tartaruguinha que encontram, num misto de real e magia. No texto, os desmandos sociais, por exemplo, são denunciados através do ponto de vista do pequeno animal, que indaga as razões da desigualdade e da injusta distribuição da terra no Brasil. Também é possível citar o livro de Paula Mastroberti, *Cinderela: uma biografia autorizada*, publicado em 1997, pela Editora Mercado Aberto. A autora ali reproduz a história da personagem clássica, substituindo as representações e soluções mágicas por expedientes do mundo real (a fada que faz aparecer o rico vestido com que Cinderela vai ao baile, por exemplo, tem sua contrapartida na figura do estilista e costureiro, que oferece à jovem um dos seus modelos magníficos). O processo criativo, no livro em questão, combina realidade e magia através do recurso intertextual, porque sua leitura resgata a fantasia da personagem original. São, pois, duas histórias que se cruzam e dialogam entre si, revelando, de certo modo, ao leitor, o estatuto do conto mágico e sua possível transposição ao mundo real.

A seguir, o jovem atinge o estágio do desenvolvimento que Piaget denomina das operações intelectuais abstratas, da formação da personalidade e da gradativa inserção afetiva e intelectual, na sociedade dos adultos. A capacidade de discernimento do real e a maior experiência de leitura favorecem o exercício de habilidades críticas, permitindo ao leitor não só interpretar os dados fornecidos pelo texto, como também se posicionar diante deles, organizando seus referenciais éticos e morais. Daí, a importância das histórias construídas como uma sucessão de ações, sem longas descrições e argumentações reflexivas, com a pretensão de orientar a leitura e dar ensinamentos de vida. Estamos nos referindo aos livros de aventuras, em que os problemas são resolvidos por grupos, que vêm preencher as necessidades do jovem de iniciar-se no questionamento da realidade, ampliando sua dimensão social. Importam, agora, os textos que valorizam a participação do leitor, dando-lhe poder de iniciativa e decisão, capacidade de resolver situações e vencer os adultos. É o que consegue João Carlos Marinho, com *O gênio do crime*, em reedição da Editora Ediouro, em 2006, história em que o menino detetive, liderando uma turma de amigos, desvenda o crime, vencendo o bandido e o detetive adulto, versão aproximada de Conan Doyle.

O período adiante é aquele em que o jovem elabora seus juízos de valor e desenvolve a percepção dos conteúdos estéticos. Sensível aos problemas sociais, ele se interroga sobre suas possibilidades de atuação na idade adulta, que se avizinha. A busca da identidade individual e social e o maior exercício da leitura têm como dividendo uma postura crítica diante dos textos, através do cotejo de ideias e da tomada de posições. Livros que abordam problemas sociais e psicológicos são de interesse desse leitor, possibilitando-lhe a reflexão e a opção por comportamentos que descobre como mais justos e mais autênticos. Nessa categoria encontramos *O negro da chibata*, de Fernando Granato, com o selo da Editora Objetiva em 2006, que apresenta, em linguagem clara, coloquial e cuidada, a biografia ficcionalizada de João Cândido, o Almirante Negro. De forma respeitosa e sem preconceitos, o livro oferece ao leitor a oportunidade de conhecer o outro lado da História e, desse modo, avaliar melhor a realidade brasileira, ao mesmo tempo em que discute as relações humanas, enfatizando valores centrados na coragem, na coerência de ideias e na determinação de vencer e transformar a sociedade. Em texto coerente e abordagem aberta e crítica, o livro permite uma experiência estética válida e rica para a formação ética e cultural da juventude.

Como vimos, as idades de leitura relacionam-se a interesses diversificados, mas outros fatores também interferem nas preferências literárias do leitor: são as condições ambientais, os apelos de outros objetos culturais, os produtos diferenciados para meninos e meninas, o acesso a uma diversidade de materiais de leitura, os modelos de leitor/não leitor com que cada um convive, a tradição oral da sua comunidade, entre outros. Para que seja possível discutir critérios de seleção da leitura a ser oferecida à criança e ao jovem, vale, portanto, ter em mente alguns princípios básicos: o atendimento aos interesses do leitor, a provocação de novos interesses que lhe agucem o senso crítico e a preservação do caráter lúdico do jogo ficcional e artístico, em um processo contínuo e transformador.

Mas, se os interesses do leitor são, sem dúvida, um dos aspectos a levar em conta na hora de oferecer-lhe os livros, importa, ainda, escolher o material de leitura a partir de critérios de qualidade. Como já referimos, esses critérios dizem respeito à obra literária enquanto objeto concreto, para o qual contribuem as qualidades de todo o projeto gráfico, aí incluindo desde a capa e o papel às relações de textos e paratextos, imagens e ilustrações, criando diálogos que provocam sentidos. Por isso, um livro publicado pela Editora Cosac Naify, em 2006, chama a atenção. Trata-se de *Ismália*, o poema de Alphonsus de Guimaraens, em composição única, cores escuras, forma de sanfona. As páginas desdobram-se verticalmente, e as imagens salientam a terra, o luar e o corpo que cai, provocando um ato de ler do alto ao baixo, que mimetiza o suicídio de Ismália, em sua loucura. Todo o projeto gráfico assegura, portanto, os significados que o poeta constrói, oferecendo ao jovem leitor, em linguagens múltiplas, um dos mais belos textos poéticos da literatura brasileira.

Assim, toda a composição do livro parte do potencial oferecido pelo texto verbal que, por suas características originais, revigora o gênero e incentiva um diálogo provocador com o leitor. Através da construção literária, abrem-se para ele novos modos de viver e de conviver, alargando suas referências culturais e existenciais. Por esses caminhos, Roseana Murray, com *Pera, uva ou maçã*, obra publicada pela Editora Scipione, em 2006, cria poemas em que jogos de sons, ritmos e imagens descortinam um mundo imaginário, provocam o jovem leitor, mostrando-lhe o que a arte pode oferecer em termos de fantasia, imaginação, emoção. Não é por acaso que a ilustração de Ana Raquel multiplica os sentidos, pois, através da riqueza das imagens dinâmicas, criativas e, às vezes, surreais, ela reafirma para o leitor a possibilidade de inventar, para si, um universo muito maior. Enfim, para construirmos um jogo de escolhas, precisamos apostar no leitor e estar atentos a critérios que o valorizem, porque o sabemos capaz de ler, reler e criar.

Referências

AGUIAR, Vera Teixeira de; BORDINI, Maria da Glória. *Literatura: a formação do leitor*. Porto Alegre: Mercado Aberto, 1988.

ÂNGELO, Ivan. *O vestido luminoso da princesa*. São Paulo: Richmond, 2006

BAMBERGER, Richard. *Como incentivar o hábito de leitura*. São Paulo: Ática, 1986

BARTHES, Roland. *O prazer do texto*. São Paulo: Perspectiva, 2006.

BOURDIEU, Pierre. *As regras da arte*. São Paulo: Companhia das Letras, 1996.

CAPPARELLI, Sérgio. *Os meninos da Rua da Praia*. Porto Alegre: L&PM, 1979.

FRAISSE, Emmanuel. *Les anthologies en France*. Paris: PUF, 1997.

GUIMARAENS, Alphonsus de. *Ismália*. São Paulo: Cosac Naify, 2006.

MACHADO, Ana Maria. *Alguns medos e seus segredos*. Rio de Janeiro: Frente, 2007.

MACKEE, David. *Rei Rolo e a procura*. São Paulo: Ática, 1981.

MACKEE, David. *Rei Rolo e o banho*. São Paulo: Ática, 1981.

MACKEE, David. *Rei Rolo e Rei Chico*. São Paulo: Ática, 1981.

MARINHO, João Carlos. *O gênio do crime*. Rio de Janeiro: Ediouro, 2006.

MASTROBERTI, Paula. *Cinderela: uma biografia autorizada*. Porto Alegre: Mercado Aberto, 1997.

MEIRELES, Cecília. *Problemas da literatura infantil*. Rio de Janeiro: Nova Fronteira, 1984.

MURRAY, Roseana. *Pera, uva ou maçã*. São Paulo: Scipione, 2006.

PIAGET, Jean. *Seis estudos de psicologia*. Rio de Janeiro: Forense Universitária, 1973.

SWIFT, Jonathan. *Viagens de Gulliver*. São Paulo: Scipione, 1986.

Segunda parte

ESCOLHAS DO VESTIBULAR

Capítulo 5

ESCOLHAS DO VESTIBULAR
A QUESTÃO DOS CRITÉRIOS

Lígia Cademartori

O que há de comum entre tipos de listagens é a relação de itens que partilham algo entre si, organizados segundo princípios, orientações ou mera enumeração, dos quais depende a coerência do conjunto. Basta uma consulta rápida às listas de livros indicados para o vestibular das nossas universidades para que se constate a disparidade entre elas e a dificuldade em identificar os critérios que presidem a seleção dos títulos. Se o fato de obras e autores de perfis distintos integrarem listas de diferentes universidades, além de previsível é desejável, a indagação sobre os critérios que presidem cada seleção não encontra resposta fácil, pondo em pauta questões que dizem respeito ao próprio espaço da crítica hoje. Este texto quer se referir a alguns pontos problemáticos nas escolhas de títulos para o vestibular e sugerir modos possíveis de tratá-los.

A apreciação dos livros indicados ao vestibular é capaz de surpreender não só profissionais do ambiente acadêmico, mas também candidatos ao ingresso no mundo universitário e suas famílias. Pode espantar até mesmo autores contemplados com a indicação de seus livros, sem que consigam entender a razão da seleção. Numa palestra em Brasília, em agosto de 2007, Sérgio Sant'Anna manifestou pasmo diante da indicação de seu livro *O monstro* para vestibulares de várias instituições de ensino superior do interior do País. Declarou não compreender como a expressão e a temática dos três contos que compõem o título podia ser considerada leitura indicada aos jovens vestibulandos.

Livros escolhidos para o vestibular constituem assunto com repercussão na mídia impressa, que registra a presença de obras paradigmáticas, como *Iracema*, de José de Alencar, *Memórias de um sargento de milícias*, de Manuel Antônio de Almeida, *A cidade e as serras*, de Eça de Queirós, em provas da Fuvest e da Unicamp; comenta a inclusão de um escritor vivo, Milton Hatoum, pela primeira vez, na lista de obras para o vestibular da Universidade do Rio Grande do Sul e critica a heterogeneidade da listagem do Programa de Avaliação Seriada (PAS) da Universidade de Brasília, que inclui textos jornalísticos, obras filosóficas e autores contemporâneos. A seleção da UnB indica *Alegoria da Caverna*, de Platão, e *Meu tio matou um cara e outras histórias*, de Jorge Furtado; *Dom Casmurro*, de Machado de Assis, e *A máquina*, de Adriana Falcão; *Dias e dias*, de Ana Miranda, e nenhuma obra do próprio Gonçalves Dias; *Manifesto do Partido Comunista*, de Marx e Engels, e *Cidadão de papel*, de Gilberto Dimenstein.

Levanto uma primeira questão, que não poderá ser desenvolvida em espaço tão exíguo, mas que merece ser registrada: o perfil do público que deverá ler as obras é levado em conta, como condicionante da recepção, ou esse aspecto não merece consideração; cabe aos vestibulandos – em teoria e só em teoria – alçar à altura das obras e elas não serem adequadas a eles? As listas parecem responder que o universo de referência existencial e intelectual dos jovens não é relevante. Se eles não têm formada a competência de leitura para os livros, que recorram aos resumos, aos comentários ou a alguma outra forma de apresentação que, mesmo precária, possa, de certa forma, transmitir alguma informação sobre os títulos e os autores. Caso em que a recepção de notícias sobre as obras será sempre prevalecente à efetiva leitura delas, e estão à venda, "numa boa livraria perto de você", compilações de referências didáticas sobre os livros que cumprem esse papel absolutamente marginal à leitura e ao conhecimento das obras, mas que, para efeitos de vestibular, podem permitir ao candidato simular tê-las lido. Apenas mais uma artimanha daquele velho pacto que diz "eu finjo que ensino, e você finge que aprende".

Mas há uma questão anterior a qualquer discussão sobre obras indicadas, pois a resposta que for dada a ela fará toda a diferença na definição de uma lista. O que é mesmo que se quer com a indicação desses livros? Pretende-se que, a partir da experiência de leitura, o aluno comprove ter desenvolvido determinada competência textual que o habilita a ler livros com certo grau de complexidade? Ou assume-se que determinadas obras, mais que outras, são de algum modo essenciais para o conhecimento, a sensibilidade e a experiência existencial de quem pretende a educação superior? Se o propósito for testar a capacidade de leitura do vestibulando, o repertório de obras que podem ocupar lugar na lista é imenso, e selecionar uma obra em lugar de outra não abre margem para muita discussão. Essa primeira alternativa provavelmente irá abrigar o entendimento de que o espaço da leitura é aquele da cultura, formada pelo conjunto de textos de diversa natureza, dimensão simbólica, que atua como mediação na nossa interação com o real.

Se o objetivo, no entanto, for atingir a segunda alternativa – indicar obras capitais –, a questão passa a apresentar dificuldades muito especiais nestes tempos em que os parâmetros de julgamento estão abalados, e obras consagradas como essenciais ao longo dos anos não escapam à suspeição de agirem como veículo de determinados poderes. Isso não impede algumas universidades de optar por indicar um conjunto de obras a que atribuem valor fundamental e compor, assim, uma reunião de textos a que atribuem caráter exemplar, razão por que cabe preservá-los e transmiti-los.

Para compor conjunto de tal ordem, é preciso tomar por base noções de valor que legitimam a inclusão de certas obras e a exclusão de outras. Ora, o juízo de valor sempre depende do contexto da emissão, dos potenciais destinatários e do objetivo pretendido no endereçamento, o que nos remete novamente à questão já posta: o objetivo é a formação de competência de leitura ou o conhecimento de determinadas obras?

As listas de livros para o vestibular, de qualquer modo, darão sempre o que falar. Os juízos de valor, explícita ou implicitamente embutidos nelas, guardam consigo um irrevogável aspecto polêmico, pois provocam a manifestação de uma polaridade. Como ocorre em qualquer seleção, no momento em que se afirma uma diferença, relega-se a secundário o que não foi listado, e fica estabelecida uma mais ou menos ruidosa relação de conflito. Mais proveitoso do que discutir, com base em nossos juízos pessoais, os erros e acertos das escolhas, acredito que seja refletir sobre o que age na origem da diversidade e das surpresas diante das listas e que configura um sinal de época.

A obscuridade dos critérios de muitas listas não é casual, mas se dá dentro de um marco histórico das ideias. Como disse Sarlo (2004), "quando a democracia irrompe na esfera da arte, também é imposto o pluralismo como princípio de regulamentação das diferentes posições. Esse pluralismo assegura uma equivalência universal".

Ou seja, é como se os estilos todos fossem mais ou menos equivalentes e tivessem a mesma pouca importância. Ninguém será condenado por sua posição ou opção estética, tampouco poderá discutir e comparar diferentes estéticas.

A conclusão a que chega Sarlo merece atenção: o mercado recebe esse pluralismo da estética como a ideologia mais afeita às suas necessidades. No momento em que o poder dos intelectuais e dos artistas foi relativizado, é o mercado que surge como o novo paradigma de múltiplas escolhas. Não menosprezemos, portanto, a influência onipresente do mercado e suas ofertas na constituição das diferentes listas.

O atual cenário das escolhas de livros para o vestibular tem moldura histórica e reflete com clareza a mudança no papel da crítica literária ocorrida no fim do século passado. A grande crítica do século XX foi de concepção modernista e passou a se impor ao longo dos anos 1940, no que se conhece como terceiro período modernista, constituída pela vitalidade das obras de Álvaro Lins, Otto Maria Carpeaux, Sérgio Buarque de Holanda, Antonio Cândido. Nos últimos anos da década de 1950, a crítica jornalística viveu seu grande momento com o Suplemento Dominical do *Jornal do Brasil*, dirigido por Mario Faustino. Na década seguinte, o Suplemento Literário de *O Estado de S.Paulo*, sob a direção de Décio de Almeida Prado, veiculava juízos de valor e de consagração e, desse modo, oferecia balizas para nossa vida cultural.

À medida que a crítica literária universitária se especializava, com a expansão dos cursos de Letras, diminuía o impacto crítico do jornalismo, e surgia uma produção ensaística de circulação restrita ao âmbito acadêmico. A crítica dos suplementos de jornais perdeu fôlego ao longo dos anos 1970, e a produção universitária, voltada a público especializado, na peculiaridade de sua instância de reconhecimento e consagração, não conseguiu substituir o papel crítico dos grandes jornais que, em décadas anteriores, formulava juízos de valor, afirmando a importância de algumas obras e autores e desqualificando outros.

Os critérios difusos que orientam a formação das listas de vestibulares é consequência direta do fato de a crítica literária, hoje, ser menos assertiva em seus julgamentos e não se assentar na certeza inabalável de seus princípios. A Grande Autoridade morreu. O público acadêmico forma seu juízo no conjunto das múltiplas e velozes informações e motivações que recebe de todos os meios. A modernidade reage contra qualquer discurso que se pretenda hegemônico. Não é, no entanto, o vale-tudo. A demanda pela exposição dos critérios é contínua. Apenas assegurou-se o direito ao estado de divergência de pontos de vista e de projetos.

A era da informação impôs uma nova ordem cultural, que se caracteriza pela heterogeneidade da cultura, e não se pode apreciar o cipoal das escolhas literárias sem levar em conta a profunda alteração na cultura ocorrida nos últimos anos do século passado. Ela levou à diminuição do poder simbólico das instituições e à perda do valor absoluto que lhes atribuíam. A multiplicação e o descentramento do espaço crítico que, tendo causas culturais, decorrem também da proliferação dos meios eletrônicos, abalaram a credibilidade autoral e, ao mesmo tempo, ampliaram o espaço dos autores. É a partir desse fenômeno que, acredito, deve-se considerar o presente quadro das escolhas de títulos para o vestibular. Elas são muito divergentes em consequência de serem muitas as vozes, na diversidade dos meios de propagação, a difundir e a avaliar de modo próprio os produtos culturais, mesmo tendo essas vozes, o que é indiscutível, distintos poderes de irradiação.

Quem ousa, hoje, propor a supremacia de uma cultura, de um estilo ou de uma tendência de arte? Culturas, tendências, estilos coexistem, competem ou se reforçam nos diferentes canais de comunicação. Além disso, a divulgação pela mídia eletrônica, o vínculo com o mundo do entretenimento constituem apelos a que as escolhas universitárias não ficam imunes. A popularização do escritor, sua presença na tela ou nos circuitos de palestras, quando estabelece relação direta com o público, desempenhando, ao mesmo tempo, função de ator e comunicador, é também capaz de alterar o padrão de consumo intelectual de modo tão ou mais eficaz do que consegue a crítica especializada e, assim, interferir na composição de algumas listagens.

Um mapeamento das escolhas de livros para o vestibular às mais diversas instituições de ensino superior só confirma o que tem sido apontado como um dos paradoxos da modernidade: o relativismo é o único absoluto que admitimos hoje. Discutir erros e acertos de uma determinada lista é atitude que certamente será acusada de atentar contra o pluralismo cultural. A ameaça não deve nos impedir, no entanto, de problematizar as escolhas. Se não há valores inquestionáveis – consequência fundamental do relativismo – discutamos, sim, os valores implícitos em cada lista. Ou, ao menos, façamos a identificação deles. Cito Sarlo (2004), novamente: "se o relativismo é um ideal de tolerância, o espaço onde esse ideal se estabelece não é o mercado", mas é o espaço crítico.

Se a ninguém ocorre pretender restaurar um paradigma que oriente a educação literária dos jovens, isso não significa que estejamos dispensados de, a partir da apreciação das obras elencadas para a leitura dos vestibulandos, desenvolver reflexões sobre nossa cultura e nossas universidades e discutir quantas obras entre as listadas oferecem aos jovens uma intensidade de sentidos e uma riqueza de experiências próprias do literário. Pois dizer que todas as manifestações de cultura são legítimas não equivale a dizer que sejam todas iguais e do mesmo modo relevantes. Até aí o relativismo não chega.

Existem alternativas de escolha que requerem a busca de novos parâmetros de leitura capazes de renovar conceitos nos leitores jovens, ao promover aventuras com o sentido, enfatizar diferenças, desestabilizar pontos de vista, estimular o conflito das interpretações, propiciar o diálogo do literário com outras formas de discurso. Recortes por tema, por exemplo, podem privilegiar diferentes aventuras da subjetividade, ou experiências de linguagem, relações intertextuais etc. Escolher uma grande questão extraliterária como critério para o elenco de obras também favorece esse propósito, no que pese o fato de a escolha do eixo temático, ou dos textos que ecoam certos motivos, manifestar de forma ostensiva um juízo de valor no recorte do real, que também precisa ser amplamente discutido.

A intervenção crítica em relação às escolhas de vestibular, sem assumir funções de censura, não fugirá de seu papel se assumir dedicar-se ao exercício de entender as diferenças e as especificidades de cada escolha em relação a outros títulos possíveis. Poderá, assim, contribuir para tensionar alguns padrões, examinando os princípios que agem na escolha, no escolhido e no endereçamento do que se escolhe. Descobriremos que, nessas escolhas, muito é dito da nossa cultura e das nossas universidades.

A crítica digna de respeito, hoje, questiona saudavelmente a si mesma e, ao incorporar interrogações, convive com a relativização dos valores. E se faz significativa quando, ao selecionar, analisar e julgar obras, consegue discernir e expor o que pode estar difuso ou confuso na abundância de condicionamentos e de informação cultural. Só desse modo poderá provocar olhares novos e chamar atenção para obras e autores que, excluídos ou pouco destacados tanto na grande difusão midiática quanto no panteão canônico, poderão ser mais conhecidos se houver intermediação crítica.

A escolha de livros para o vestibular é uma forma de consagração acadêmica que consegue alcançar grande repercussão. Ganha espaço fora da universidade e até provoca, como assistimos em Brasília, palestras e debates literários em *shoppings*, como ocorre no programa *Conjunto em prosa*. A indicação de livros para o vestibular talvez seja a intervenção crítica de maior espectro da universidade hoje. Poderá ser um som que se particulariza na massa sonora atordoante de informações, se conseguir abalar conceitos e interpretações de consumo literário, atiçar a percepção do público e instigar a leitura de livros que não contam com outra vitrine para se dar a conhecer.

Não sendo mais programática e sistemática, a crítica precisa encontrar seu caminho em meio à diversidade de conceitos. Isso exige que se arrisque e vá no encalço de relações improváveis entre fenômenos díspares de um tempo confuso. E tem de fazê-lo, recusando o doutrinário em favor do instável e do turbulento. Precisa encarar a cesura, o inexplicado, para identificar o novo, rever o antigo e descobrir ligações ocultas entre eles. E precisa também ser inclusiva, e não exclusiva. Precisa expor-se. É no âmbito do conhecimento interdisciplinar e aberto que a crítica atual avança, embora sempre sujeita ao risco de perder a orientação. Omar Calabrese (1988) registra essa condição do crítico do presente, ao identificar que o universo do vago, do impreciso, do indefinido mostra-se rico de sedução para a mentalidade contemporânea, que tende a desconfiar dos modelos exageradamente unificados e simplificados.

Referências

CALABRESE, Omar. *A idade neobarroca.* Lisboa: Ed. 70, 1988.

SARLO, Beatriz. *O lugar da arte. Cenas da vida pós-moderna: intelectuais, arte e videocultura na Argentina.* Rio de Janeiro: Ed. UFRJ, 2004.

Capítulo 6
SÓ FIA NAS ESCOLHAS...

Luiz Carlos Junqueira Maciel

Uni-du-ni-tê

"Escolhido" para abordar o tema "Escolhas em Jogo", que trata das escolhas para o vestibular, de início, temi sentir-me como aquele deslocado personagem de *O convidado*, de Murilo Rubião, pois não pertenço a nenhuma universidade pública ou particular. Sou um mero professor especializado em quimeras secundárias, avesso às lides acadêmicas. Mas esse assunto tem a ver comigo, pois fiz toda a minha vida de professor (e, de uns tempos para cá, de editor), fiando nas escolhas que a UFMG e outras universidades públicas e particulares fazem para a indicação de livros para o vestibular. Desde meados dos anos setenta leciono em colégios e cursinhos preparatórios voltados para análise de obras sugeridas, sem que, como grande apaixonado pela literatura nacional, tenha deixado de ler, estudar e escrever sobre outros livros que passam ao largo das escolhas. Aliás, minha dissertação de mestrado é sobre o poeta mineiro Dantas Mota, que ainda continua, injustamente, longe das atenções acadêmicas. Há algum tempo, um colega, insinuando que eu já estava ficando velho na profissão, disse aos alunos que, quando Machado de Assis era escolhido para o vestibular, eu me rejubilava, pois havia sido companheiro "do cara" e tinha os seus livros da época do lançamento... Pois não é que agora, me vejo analisando *26 poetas hoje* e, ao preparar as aulas, na verdade, mergulho é nas recordações dos anos setenta, em que justamente começava a lecionar... Nesse tempo, entre alunos de minhas primeiras turmas, havia um certo Carlos Herculano Lopes, que me mostrava seus contos. Tempos depois, tive oportunidade, por duas vezes, na UFMG e na PUC Minas, de analisar seus romances escolhidos para o vestibular... As escolhas nunca me fizeram encolher como professor, pelo contrário, elas deram-me alento até para tornar-me editor. Há quase dez anos, montei uma editora, a Horta Grande, juntamente com o professor da PUC Minas, Gilberto Xavier da Silva, dando um tratamento mais profissional às análises dos livros, buscando superar o estigma dos resumos e levando a alunos e professores um trabalho mais consistente sobre as possibilidades de leitura dos textos. Além dessas análises, temos editado alguns livros indicados que pertencem ao domínio público. Editamos *Broquéis,* de Cruz e Sousa e, recentemente, em parceria com a editora Crisálida, lançamos no mercado as crônicas de *A alma encantadora das ruas*, de João do Rio, escolhidas para o vestibular UFMG 2009. E já estou aprendendo, como muitos editores, a fazer a relação entre escolhas e encalhes... Em 32 anos de frenética labuta, penso que analisei mais de trezentos livros. Sou capaz de enumerar a maioria deles, como *O forte*, de Adonias Filho, *O coronel de Macambira*, de Joaquim Cardoso, *O passo de Estefânia*, de Núbia Marques, *A lua vem da Ásia*, de Campos de Carvalho, *A flor do brejo*, de D. Belchior Neto, *Pastores da esperança*, de Hugo de Lima, *O passo*-bandeira, de Oswaldo França Júnior, *Líquido e certo*, de Elza Beatriz, *O louco do Cati*, de Dyonélio Machado, *Dois cavalos num fuscazul*, de Garcia de Paiva, *Pedreira das almas*, de Jorge Andrade... Reparem que, nessa pequena lista, há livros que, com certeza, são desconhecidos pela maioria dos estudantes e até por professores de Letras... Naturalmente que posso engordar o rol com livros consagrados como *Dom Casmurro, O romanceiro da Inconfidência, Vidas Secas, Maíra* (é a quarta vez que trabalho com esse fascinante romance). Achava que jamais teria a oportunidade de percorrer as veredas do Grande Sertão, de Rosa, e isso aconteceu, surpreendentemente, há pouco tempo. Eu confesso que não teria estímulo para ler certos livros, se eles não fossem indicados para o vestibular. Cito *A menina sem estrela*, de Nelson Rodrigues, único caso que conheço que só o professor leu, pois a comissão do vestibular acabou cancelando a escolha, por problemas editoriais. Cito ainda a indicação recente, *Ponciá Vicêncio*, de Conceição Evaristo, de que nunca havia tido notícia. Cito *Minha formação*, de Joaquim Nabuco, obra conhecida, mas ainda não lida, pois a reservava para saboreá-la durante uma aposentadoria de sexagenário e, no entanto, fiz fecunda leitura mais para mim do que para os alunos adolescentes, entre eles, meus filhos, que detestaram a obra... Lembro-me de que, na ocasião, navegando pelo blogue do Ricardo Aleixo, que fora indicado juntamente com Edimilson Almeida Pereira com o livro *A roda do mundo*, encontrei a reação bem humorada do autor: "Eu e Joaquim Nabuco ainda não nos refizemos da surpresa".

Salamê-minguê

Durante algum tempo, na instituição em que lecionava, era hábito convidar os autores escolhidos para debate com os alunos. Tive a honra de conhecer "cobras criadas" como Fernando Sabino, Silviano Santiago, José J. Veiga (de quem recebi o maior elogio que um professor poderia receber: na dedicatória de *A hora de* ruminantes, adjetivou-me de "leitor ideal"), João Antônio, Lya Luft, Rachel Jardim, Zélia Gattai (é estranho: a UFMG já adotou um livro dela e, pelo que me consta nos últimos trinta anos, nenhum do Jorge... Amado, mas, pelo visto, só por ela....). Lembro ainda de Luiz Roncari, com seu romance *Assim não brinco mais*, que causou polêmica na época, inclusive até com pedidos de cancelamento da escolha por parte da Tradicional Família Mineira e alguns setores da OAB... Posso fazer também uma lista de autores que se mostraram ressentidos por nunca terem sido escolhidos pela maior instituição pública de Minas Gerais. Roberto Drummond, por exemplo, que inseriu um gato chamado

Salamê-mingüê, em *A morte de DJ* Paris, morreu sem nunca ter sido escolhido pela Federal. O mesmo aconteceu com o saudoso Adão Ventura, que sempre me cobrava isso, como se eu tivesse algo a ver com as escolhas dos peixes... Aliás, na abordagem de temas ligados à negritude e às culturas indígenas, como ocorreu com *A roda do mundo, Quarto de despejo, Shenipabu Miyuí,* que acho louvável, não apenas obras contemporâneas, como *A cor da pele*, de Adão Ventura, poderiam ser indicadas, como autores mais antigos que continuam, de certa forma, marginalizados, como Lima Barreto. Também acredito, como José Mindlin, "que a idade do livro não é muito importante. Há muito livro moderno mais importante do que livros do século 16" (Entrevista à revista *Brasil - almanaque de cultura popular*, novembro de 2007, distribuída pela TAM). Devo dizer, antes que seja tarde, que sou favorável às listas de livros. Caso não houvesse isso, alunos e – o mais grave – professores de literatura do curso secundário deixariam de ler a literatura nacional. Nossa literatura é muito vasta e ainda muito desconhecida. Sou agradecido às equipes que escolheram livros como *Corpo Vivo* e *Luanda Beira Bahia,* de Adonias Filho; *Juca* Mulato, de Menotti Del Picchia; *Festa*, de Garcia de Paiva; *Tremor de terra,* de Luiz Vilela; *Beira mar*, de Pedro Nava; *Os sinos da* agonia, de Autran Dourado; A *hora dos ruminantes*, de José J. Veiga; *Liberdade liberdade*, de Flávio Rangel e Millôr Fernandes, *Em liberdade* e *Crescendo durante a guerra numa província ultramarina*, de Silviano Santiago, *Sentimento do mundo*, de Carlos Drummond de Andrade (exatamente quando ocorria o atentado em New York, analisava esse livro) *O louco do Cati*, de Dyonélio Machado, embora estranhasse a demora para a escolha de *Os ratos*, sua melhor obra, indicada somente há poucos anos. Alguns autores e livros são cíclicos, outros se e eclipsam... Osman Lins só apareceu uma vez, nos anos 1970. Também nessa época, a UFMG adotou *O pirotécnico Zacarias*, de Murilo Rubião, e nunca mais se falou nele... Indago por que não fazer um rodízio desses autores e desses livros, de tempos em tempos. Possibilitar que os professores possam conhecer bem a matéria que irão trabalhar, para que não aconteça o procedimento da "batata quente", que tem feito com que os professores mal peguem um livro e logo já vão para outro, sem que se demorem numa reflexão mais profunda sobre seus diferentes aspectos. Hoje a UFMG programa uma lista, com antecedência de até três anos, mas até recentemente, nós, professores, começávamos o curso sem saber o que iria aparecer pela frente. Costumava fazer a comparação do curso com o voo de um Boeing, que decolava às cegas. Ou, ainda, contava a antiga anedota daquele recruta que, ao chegar no batalhão de cavalaria, pergunta ao seu superior que cavalo deveria montar, pois nunca havia montado antes; o oficial lhe indicava um cavalo indócil, dizendo: monte naquele, pois também nunca foi montado até agora. É o que professor sentia, lendo pela primeira vez e tendo que explicar um texto nunca dantes navegado, muitas vezes sem referencial crítico para a sua pesquisa... Pensem, principalmente, naqueles professores do interior...

Sorvete colorê

Reconheço que não deva ser refrescante como um sorvete colorê (não interessa que diabos seja isso) a escolha dos livros para um vestibular tão importante e tão procurado como o da UFMG. Uma decisão tão difícil que, para os amantes de nossa literatura, deve equivaler à célebre "escolha de Sofia", como vimos no filme de Alan J. Pakula, de 1982, baseado no romance de William Styron, publicado em 1979. Como sabem, nesse filme, a premiadíssima Meryl Streep interpreta a polonesa que, em Auschwitz, teve que fazer uma trágica opção ao escolher um de seus filhos para a morte. Com perdão do mau trocadilho, mas nas escolhas de livros para o vestibular, não há Meryl que mais se estrepa, do que professores mal preparados e alunos que nunca jamais terão ânimo e estímulo para ler determinados livros... E olha que vem, aí pela frente, talvez pela sexagésima vez, mais um sermão de Padre Vieira... Cada universidade tem o seu critério para escolhas. É frequente, por exemplo, no Nordeste e no Espírito Santo a indicação de autores regionais. Os alunos se surpreendem quando nos pedem orientações para livros escolhidos em outros Estados, de que nunca ouvimos falar. Santa ignorância!, é o que eles pensam... Há livros que fazem enorme sucesso entre os indicadores: *Nove noites*, de Bernardo Carvalho, virou o xodó de professores universitários... Mas temo pelos livros bons que nunca foram escolhidos por essas paragens, pelo menos nos últimos trinta e tantos anos. Exemplos? *Eu*, de Augusto dos Anjos; *Negrinha*, de Monteiro Lobato; *Luz mediterrânea*, de Raul de Leôni; qualquer livro de Lima Barreto; qualquer livro de Paulo Mendes Campos ou Otto Lara Resende; *Caminhos cruzados, O resto é silêncio* ou *O senhor embaixador*, de Erico Verissimo; *Vida ociosa*, de Godofredo Rangel, *A casca da serpente*, de José J.Veiga; *O altar das montanhas de Minas*, de Jaime Prado Gouvêa; *Antologia mamaluca*, de Tião Nunes; O *homem e seu algoz*, de Fausto Wolff; a poesia de Dantas Mota; a poesia de Emílio Moura; qualquer livro do Dalton Trevisan e, entre os "novos", *Adágio para o silêncio* – ou qualquer livro de crônicas de viagens de Luís Giffoni; *Hóspede secreto*, de Miguel Sanches Neto, livros de Ivana Arruda, Reinaldo Santos Neves, Marçal Aquino... Já ouvi uma vez um comentário de que as universidades iriam abolir as escolhas. Há instituições particulares em Belo Horizonte que não mais indicam livros. Por um lado, há o aspecto positivo, pois o professor de cada escola teria a liberdade de escolher os livros para trabalhar. Mas, pelo que sinto, a maioria dos professores repetem suas escassas escolhas. Conheço alguns que só trabalham com o indigesto *A luneta mágica*... Ou, então, acham mais cômodo lidar com fragmentos para exemplificar suas chatíssimas aulas de estilos de época... Conheço um aluno que persiste há anos na tentativa de conquistar uma vaga para Medicina. Diz ele já ter lido uns trinta livros solicitados para o vestibular. Considera *Grande sertão: veredas* o melhor livro que leu, dando ainda destaque para *Os ratos, Tremor de terra, O coronel e o lobisomem* e *Prosas seguidas de odes mínimas*. Mas considera que *A roda do mundo* e

26 poetas hoje não lhe acrescentaram nada... O interessante de seu depoimento é constatar que, se tivesse passado no vestibular da primeira vez que tentou, jamais teria conhecido a maioria desses livros... Uma aluna me confessou que *Um certo capitão Rodrigo*, de Erico Verissimo, foi uma das melhores escolhas da UFMG: personagem e livro arrebataram a leitora de tal maneira que ela mal pensava que lia algo obrigatório para o vestibular. Cito um texto da equipe elaboradora das provas de Língua Portuguesa e Literatura Brasileira do Vestibular 2006/UFMG para continuar a acreditar na eficácia das indicações. Para atenuar a longa citação incluirei, à moda de ladainha, alguns autores esquecidos nas listas... Essa Equipe declarou que

> [...] a presença da Literatura Brasileira nas provas do Vestibular da UFMG autojustifica-se, uma vez que a literatura nacional desempenha, ao longo da história do Brasil, o papel de articuladora do discurso da nacionalidade. [Gilberto Freyre!]. Além disso, é por meio dela que se conhece o processo de formação do País, que se reforça o sentimento de pertencimento nacional e que se estabelecem as relações entre leitura e vida. [Lima Barreto!]. Ademais, a confluência de qualidades linguísticas e valores estéticos confere a esse tipo de texto longevidade e centralidade culturais, que obrigam sua inclusão em qualquer modalidade de atividade ligada à educação e à cultura. [Olavo Bilac!]. A leitura do texto literário, exigindo um grau maior de acuidade e sensibilidade do leitor, contribui, de modo ímpar, para a formação cultural e humana do jovem. [Monteiro Lobato!]. Em razão dessa convicção, é solicitada a leitura obrigatória de obras literárias, com o objetivo de, minimamente, garantir o contrato dos candidatos com o universo da literatura brasileira. [Zé Lins do Rego!] Espera-se, porém, dos futuros universitários, que não se restrinjam à leitura das obras literárias indicadas, mas que tenham lido, anteriormente, outras várias obras e já se tenham beneficiado com a riqueza de todas elas." [Dantas Mota!] (Bianchet; Mendes *et al.*, 2006)

As escolhas, por mais subjetivas ou polêmicas que sejam, devem beneficiar professores e alunos, mesmo quando, na aplicação das provas, agora cada vez menores, haja uma certa desproporção entre o que foi pedido e o que se cobra. Brinco com os alunos, dizendo que o que se cobra é rastejante, nunca corresponde às outras aladas possibilidades de fruição. Mas, enfim, é isso ou aquilo, a bolsa ou a vida, o filho ou a filha para Auschwitz... Será que desse mato sai coelho? Será que o Paulo Coelho, que ingressou na Academia, um dia chegará mesmo à universidade? O professor, ao trabalhar com o livro escolhido, pode assemelhar-se ao pianista que, ao se dirigir para seu instrumento, é advertido de que *lá em cima do piano tem um copo de veneno, quem bebeu morreu, o culpado não fui eu...*

Referência

BIANCHET, Sandra Maria Gualberto B.; MENDES, Eliana Amarante de M. *et al.* (Coords.). *Língua portuguesa e literatura brasileira no vestibular 2006: provas e comentários*. Belo Horizonte: Ed. UFMG, 2006.

Capítulo 7

LEITURA NECESSÁRIA

José Américo Miranda

Para começar, devo dizer que não falo em nome da instituição, mas apenas em meu próprio nome. Tenho participado da equipe elaboradora das questões de literatura das provas do vestibular da UFMG, não permanentemente, mas com frequência eu diria considerável, desde, se não me engano, 1994. Durante esse tempo, participei das discussões que resultaram nas escolhas das obras literárias indicadas para leitura aos candidatos que, por qualquer motivo, fossem se submeter às provas do concurso. Só posso dizer dos critérios e do modo de pensar das equipes de que fui membro – e, ainda assim, os critérios e o modo de pensar que vou expor são, na verdade, os meus. Não posso atribuir a nenhum dos meus colegas eventuais equívocos ou erros de perspectiva ou de avaliação que eu venha a cometer nesta ocasião.

A responsabilidade pela escolha da leitura nos obriga a pensar no desenvolvimento integral que as pessoas deveriam ter, no papel da leitura na formação do indivíduo, nos desdobramentos, consequências e possível papel dessas leituras sobre as relações complexas do indivíduo com o mundo e com as constrangedoras forças sociais que os afligem. Nesse modo mesmo de enunciar a questão, comparecem dois termos, a que nos dedicaremos: o indivíduo considerado em si mesmo, por um lado; a vida social, da qual ele participa, por outro.

Se há um processo de desenvolvimento da pessoa, do nascimento à idade adulta, e mesmo do adulto depois de alcançadas as capacidades intelectivas plenas que o caracterizam – processo sobre o qual se pode intervir – e nisso repousa a nossa esperança; se há esse processo, há de haver um norte e um (não tenhamos medo da palavra, tão fora de moda) ideal a ser atingido.

Numa descrição fenomenológica da mente humana, ou seja, num estudo do funcionamento do pensamento na esfera da consciência, o filósofo Jean-Paul Sartre (1985, p. 22-23) escreveu: "Perceber, conceber (formar uma ideia, 'conceituar'), imaginar, esses são os três tipos de consciência pelos quais um mesmo objeto nos pode ser dado".[1]

Na percepção, o objeto nos aparece pela intermediação de nossos sentidos – que, eventualmente, nos podem iludir. Na percepção, o objeto se nos apresenta em sua singularidade, distinto de todos os outros objetos do mundo, até mesmo de um outro que lhe seja, em aparência, muito semelhante. Na imaginação, o objeto que nos aparece (em imagem) é inegavelmente aquele que estamos vendo – nesse caso não pode haver engano; se estou pensando numa pessoa e a vejo em pensamento, é nessa pessoa que penso, e em nenhuma outra. Também na imaginação, como na percepção, o objeto do pensamento se nos apresenta em sua singularidade, com todas as peculiaridades que o distinguem dos demais objetos do mundo – em outras palavras: o objeto se nos apresenta em sua forma (concreta, particularizada).

Sob a forma de ideia, ou de conceito, o objeto nos aparece desprovido das marcas que o particularizam, ou seja, nos aparece apenas genericamente, representado como pertencente a uma classe, um gênero ou uma categoria mental. A ideia tem esse poder universalizante: a ideia de "casa", por exemplo, abriga em si todas as casas particulares do mundo. Quando dizemos

[1] "*Percevoir, concevoir, imaginer, tels sont en effet les trois types de consciences par lesquelles un même objet peut nous être donné*" (Tradução livre nossa).

que a casa tem uma porta de entrada – isso é válido para todas as casas. Esse modo de pensar, o pensamento por classes ou categorias consiste na atividade propriamente racional do ser humano – o homem é o único animal que generaliza, que pensa por categorias gerais. Essa forma de atividade mental é que dá inteligibilidade ao mundo.

Essa distinção entre o pensamento por formas (percebidas ou imaginadas) e o pensamento por categorias gerais é importante, porque o pensamento das formas constitui a experiência estética, ao passo que o pensamento abstrato, por categorias ou conceitos, constitui a experiência do conhecimento. O engenho humano, a máquina pensante, a oficina dos pensamentos – entretanto – não possui compartimentos estanques. A mente é um sistema: funciona com as diversas formas de pensamento em relação de solidariedade. Nós as separamos apenas para distingui-las e pensar melhor sobre elas, para melhor conhecê-las e, assim, compreender como funcionam.

As categorias mentais, os conceitos, que constituem o conhecimento propriamente dito, modulam, por exemplo, a percepção. Não percebemos tudo o que existe ao nosso redor: só percebemos aquilo que podemos perceber – aquilo que o nosso aparelho mental está apto a identificar. Por exemplo: a uma pessoa comum que acabou de fazer a travessia da floresta amazônica, se perguntássemos o que viu pelo caminho – ela nos responderia simplesmente "árvores" e "bichos"; a um botânico que fizesse o mesmo trajeto, se dirigíssemos a mesma pergunta – que maravilhas e quanto tempo ele gastaria para nos relatar o que viu. A diferença entre a pessoa comum e o botânico é que ele tem capacidade para ver o que ela não pode ver; essa capacidade lhe vem dos conceitos de sua ciência, ou seja, dos conhecimentos que tem sobre mundo vegetal. Para ele a floresta é inteligível – ele pode reduzi-la às categorias mentais que a ciência botânica lhe fornece.

Inversamente, a percepção das formas está na base da formação dos conceitos, ou das ideias gerais. Sabe-se que, em sua gênese, os conceitos pressupõem a experiência do concreto, ou das formas particulares. Em outras palavras: as formas estão no princípio da inteligibilidade do mundo.

Assim, a inteligência é um sistema de relações entre o particular das formas e a generalidade dos conceitos. Pensar integralmente, ter capacidade para isso, implica ter igualmente desenvolvidas as capacidades de percepção de formas e de pensamento abstrato, por categorias, por classes, por conceitos – enfim, de pensamento generalizante.

Se as ciências lidam com o conhecimento, seu domínio é o do pensamento conceitual. Mas o que seria da ciência sem a imaginação de um Galileu? O que seria da ciência sem as aptidões perceptivas de um Darwin? Os sistemas conceituais elaborados pelos cientistas, o conhecimento científico, têm como ponto de partida a percepção ou a imaginação de formas. As formas estão no princípio da inteligibilidade do mundo.

Se as ciências lidam com o pensamento conceitual – a cargo de quem está o pensamento por formas, o pensamento particularizante, o pensamento figurado? Já distinguimos a experiência do conhecimento da experiência estética – que consiste na experiência pura das formas. Portanto, o exercício das formas particulares, ou o pensamento em forma de figuras, está a cargo das artes. Ao passo que as ciências criam conceitos novos e ampliam a esfera do conhecimento, as artes criam formas novas, ampliam o repertório das figuras (do pensamento por formas particulares) – elas afinam, educam a capacidade perceptiva das pessoas.

A arte, segundo Hegel (1980, p. 93), tem o "poder de dar, das ideias elevadas, uma representação sensível, que no-las torna acessíveis." Em outras palavras: a arte confere objetividade à ideia, dando-lhe uma forma concreta e uma existência real, sobre um suporte material. A obra de arte é um objeto exterior e, como tal, torna o espírito sujeito às leis interpretativas desses objetos – ou ainda: a arte, ao tornar objetivo um pensamento, por lhe conferir uma forma concreta, torna-o passível de ser conhecido à maneira dos outros objetos do mundo (dos quais se ocupam as ciências empíricas). A arte resulta, pois, de um consórcio entre espírito e matéria. Ideia semelhante tinha da arte o poeta Fernando Pessoa (1982, p. 426), quando escreveu estes "princípios": "1. Todo o objeto é uma sensação nossa. 2. Toda a arte é a conversão duma sensação em objeto. 3. Portanto, toda a arte é a conversão duma sensação numa outra sensação."

Assim situado o problema das formas da atividade mental consciente, é possível voltar à questão das escolhas das obras literárias para o vestibular. Se o desenvolvimento das capacidades mentais é ao que visa o processo de aperfeiçoamento do ser humano – é aí que deve estar o foco da atenção quando se escolhem leituras para recomendar a pessoas no limiar da idade adulta. Nessa situação, é de supor-se que os leitores das obras recomendadas, em sua maioria, estejam no limiar da vida adulta – e é de supor-se que o processo educacional recebido desde o nascimento tenha posto a máquina de pensar num ponto tal que habilite o candidato a ingressar num curso de nível superior.

O filósofo alemão Friedrich Schiller (1990, p. 32) escreveu isto: "Todo homem individual, pode-se dizer, traz em si, quanto à disposição e destinação, um homem ideal e puro...". Segundo ele, a grande tarefa da existência seria alcançar a unidade desse ideal – tarefa, evidentemente utópica, a que estamos condenados. O homem da sensibilidade e da imaginação desenvolvidas se opõe ao homem racional, que tudo analisa. Na unidade ideal do homem desaparece essa oposição:

> Em meio ao reino terrível das forças [pensamento figurado] e ao sagrado reino das leis [pensamento abstrato], o impulso estético ergue imperceptivelmente um terceiro reino, alegre, de jogo e aparência, em que desprende o homem de todas as amarras das circunstâncias, libertando-o de toda a coerção moral ou física.
>
> [...]
>
> Todas as outras formas de representação dividem o homem, pois fundam-se exclusivamente na parte sensível [pensamento por formas, ou figurado] ou na parte espiritual [pensamento por categorias, ou

> conceitual]; somente a representação bela faz dele um todo, porque suas duas naturezas têm de estar de acordo. (Schiller, 1990, p. 143-144)

É por concordância com essas ideias que julgamos da necessidade da leitura de obras literárias, entendidas como obras de arte, na vida das pessoas. Nelas, o escritor, necessariamente um artista, dá forma objetiva, embora ficcional, a algo que não poderia ser comunicado de outro modo, por pertencer ao mundo abstrato, imaterial, do espírito. A arte confere ao espírito condições de inteligibilidade – pois lhe dá uma forma.

E a arte da literatura, por se valer do signo verbal (ou das palavras) como suporte material de suas realizações, joga duplamente com as formas do pensamento figurado e do pensamento abstrato – pois as palavras, que designam as coisas em geral, são utilizadas para dar forma a uma realidade particular, da qual a obra literária é a manifestação. Não parece ser outra, senão essa, a justificativa para a sobreposição hierárquica da literatura a todas as outras artes, defendida pelo poeta Fernando Pessoa:

> Preciso explicar que essa palavra [arte] é por mim empregada como sinônima de "literatura", e não num sentido mais lato, que o meu critério estético não admite. Por certas razões, que seria descabido expor aqui, eu considero a literatura como a única verdadeira arte, e as outras "artes" todas como o resultado de sensibilidades incompletas: a pintura, a escultura, a arquitetura, por exemplo, como produtos de um incompleto desenvolvimento mental, em que as qualidades de visualização não estão subordinadas ao domínio da inteligência, de modo que não funcionam, como deve toda a sensibilidade para ter um perfeito e humano equilíbrio, através da inteligência, mas independentemente dela, e com outras formas de expressão que não as coadas através da idéia. Por isso não admito que fora da literatura haja realmente arte; tenho as outras artes por representativas de um nível humano inferior ao atual, mas tenho-as por imorredouras, porque haverá sempre gente que mais se satisfaça com essas subartes, que com a, essencialmente aristocrática e difícil, arte literária. Para a plebe da sensibilidade existem as artes vitais – a dança, o canto, e a representação teatral. Para a burguesia da sensibilidade existem as artes como a pintura, a escultura, a arquitetura, e, um pouco menos e intermédia, a música. Para a aristocracia da sensibilidade, existe apenas uma arte: a literatura, resumo de todas, transcendentalizando-as através da idéia. (Pessoa, 1982, p. 428)

Aqui nos encontramos com o segundo aspecto de nossa abordagem: entra em cena agora a vida social; pois, se vivemos numa sociedade que

> [...] torna a profissão medida do homem, [que] honra num cidadão somente a memória, noutro apenas o entendimento tabelar, e num terceiro a habilidade mecânica; [que] aqui exige apenas conhecimento, indiferente ao caráter, e acolá considera a maior turvação do entendimento compensada pelo espírito de ordem e pelo comportamento legal; [que] quer ao mesmo tempo essas habilidades isoladas exercitadas numa grande intensidade, da mesma forma que exime o sujeito de toda extensão – [se tudo isso é verdade, se vivemos numa sociedade assim] pode admirar [pode causar admiração] que as demais disposições da mente sejam preteridas para que os cuidados todos se voltem para uma única, que traz honra e recompensa? (Schiller, 1990, p. 41-42)

Se vivemos, de fato, numa sociedade assim, que se deve esperar do sistema educacional, do esforço para proporcionar uma formação mais completa aos indivíduos, senão que os encaminhe para o contato com essa fonte de um possível equilíbrio num mundo desequilibrado, para o contato com essa possibilidade de aproximação do ideal para além das coerções e limitações da vida real, para o contato – enfim – com a melhor literatura que houver?

Assim, retornamos ao tema proposto: o critério para as escolhas de leituras para o vestibular. Em primeiro lugar, há critério de valor: deve-se recomendar a melhor leitura possível – aquela que, com certo grau de certeza, contribuirá para a formação de um adulto completo, ampliando-lhe e estimulando-lhe, ao mesmo tempo, a sensibilidade e a inteligência. A qualidade artística da obra literária, nesse momento da decisão, é o critério de validade da escolha. Quanto a esse critério, pode-se argumentar que ninguém conhece todas as obras para dizer qual é a melhor; e ainda que alguém as conhecesse todas, o critério dessa pessoa não seria necessariamente o mais correto. A correção desses vícios se faz pela ausculta da tradição: obras consagradas, especialmente as consagradas há muito tempo – e aí, quanto mais extenso for o tempo, melhor –, merecem a preferência.

A essa altura, uma palavra e uma pergunta nos alcança: a palavra é "clássico" e a pergunta "por que ler os clássicos?" Entenda-se por "clássico" o autor ou a obra que, depois de tornado público, jamais foi esquecido pelas gerações seguintes. Tais autores e obras têm merecido o crédito das maiores inteligências e sensibilidades que tivemos – aceitar o julgamento da posteridade é um gesto de respeito para com os valores de nossa civilização.

Outros dois fatores ainda intervêm na escolha das obras do passado: em primeiro lugar, o conhecimento necessário da cultura brasileira pelos brasileiros – trata-se de uma questão de identidade, do fortalecimento dela, e do estímulo ao sentimento de pertença a um grupo social; em segundo lugar, trata-se do deslocamento exigido do leitor – trata-se do distanciamento linguístico, histórico e cultural, que obriga o leitor atual a deslocar-se do seu lugar social, histórico e cultural, para tentar compreender os valores de um outro tempo, num esforço que exercita no indivíduo o respeito pela alteridade e pela diferença. O passado, a língua do passado, os valores do passado, o sistema social do passado, as regras de convivência do passado – viver imaginariamente tudo isso pela ficção ou pela obra de arte é um modo prático de desenvolver a tolerância (por meio da vivência imaginária propiciada pela arte) perante as diferenças em geral, portanto também pelas que se multiplicam à nossa volta no tempo presente.

Só com o pertencer ao passado, a obra literária de algum modo assume como que uma personalidade poética: ela causa estranhamento semelhante ao que causam as obras de arte; ela desautomatiza a percepção do leitor, reeducando a sensibilidade, como o faz a arte em geral.

O poeta Fernando Pessoa (1982, p. 225), referindo-se a algo que se aproxima do raciocínio que desejamos fazer aqui, escreveu o seguinte:

> O artista não exprime as suas emoções. O seu mister não é esse. Exprime, das suas emoções, aquelas que são comuns aos outros homens. Falando paradoxalmente, exprime apenas aquelas suas emoções que são dos outros.

Dizendo de outro modo: o artista, portador do sentimento do mundo, pode se deslocar do ponto de onde vê o mundo – pode ser o outro. E a literatura é, nas palavras de Anatol Rosenfeld (1976, p. 35-36), o lugar em que "o leitor *vive* e ao mesmo tempo *contempla* as possibilidades, as quais a sua vida pessoal – que consiste numa crescente redução de possibilidades – dificilmente lhe permite viver e contemplar". Na literatura, a experiência e a vivência do outro tornam-se acessíveis ao leitor: na leitura ele experimenta ser o outro, participa do ponto de vista do outro (ponto de vista que não é o seu) sobre o mundo. Sem dúvida, esse é um ganho inestimável: o "eu" experimenta ser o "outro". E que maior ampliação pode haver da humanidade de alguém? Que é o "sentimento do mundo", nomeado pelo poeta Drummond, senão isto: sentir como própria a dor alheia?

Obras contemporâneas, se não devem ser deixadas de lado, tampouco devem se sobrepor às do passado – são conhecidos os equívocos cometidos pelos contemporâneos no julgamento de seus pares. Casos como o de Gonçalves de Magalhães são notórios: o mais importante poeta brasileiro do século XIX, para o próprio século XIX, praticamente não é mais lido hoje. Lembro-me de uma entrevista dada à televisão por Carlos Drummond de Andrade, em que a entrevistadora lhe perguntava como se sentia (como costumam fazer os jornalistas), sabendo que duzentos anos ou mais depois daquela entrevista os versos dele estariam vivos, sendo lidos com intensidade pelos leitores do futuro. A esse pergunta, ele, desconfiado e cético como era, respondeu com outra: ele lhe perguntou [a ela] se ela sabia quem era o poeta que causava sensação nas rodas literárias da capital da república, na época em que ele se mudou para o Rio de Janeiro; naturalmente, ela não sabia – era Humberto de Campos. E quem lê hoje a obra poética de Humberto de Campos?

Enfim, e para terminar, volto ao poeta Fernando Pessoa (1982, p. 504) – para convencer as pessoas que o contato com obras literárias é necessário e vale a pena; escreveu ele: "A literatura, como toda a arte, é uma confissão de que a vida não basta".

Referências

HEGEL, Georg Wilheilm Friedrich. *A fenomenologia do espírito; Estética: a idéia e o ideal; Estética: o belo artístico e o ideal; Introdução à história da filosofia*. São Paulo: Abril Cultural, 1980.

PESSOA, Fernando. *Obras em prosa*. Rio de Janeiro: Nova Aguilar, 1982.

ROSENFELD, Anatol. *Estrutura e problemas da obra literária*. São Paulo: Perspectiva, 1976.

SARTRE, Jean-Paul. *L'imaginaire: psychologie phénoménologique de l'imagination*. Paris: Gallimard, 1985.

SCHILLER, Friedrich. *A educação estética do homem*. São Paulo: Iluminuras, 1990.

Capítulo 8

AS ESCOLHAS DO VESTIBULAR

DO CÂNON À PERIFERIA

Neusa Salim Miranda

> As culturas assemelham-se aos genomas no sentido de que ambos acumulam informações úteis de geração em geração.
>
> Carvalli-Sforza

Este texto se constrói em busca de uma possível resposta – dentre muitas outras – à questão primeira posta por este evento,[1] qual seja **o jogo das escolhas** ante livros, leitores e leituras. Para tanto, lembrando o velho Saussure (1971, p. 15) que "o ponto de vista é que cria o objeto", cabe-nos demarcar, de pronto, o nosso olhar sobre a questão. Assim, nosso percurso argumentativo se recorta a partir de uma perspectiva sociocognitiva sobre a linguagem. Tal escolha implica, como agenda teórica central, o desvelamento dos processos de significação, dos sentidos. Implica ainda a compreensão de que o jogo das significações requer a consideração da cognição e da linguagem humanas como **situadas**, isto é, marcadas pela dupla herança da biologia e

[1] Escolhas em Jogo: O jogo do livro VII. CEALE- FAE/UFMG, 2007.

da cultura; e como **distribuídas**, isto é, construídas na dialogia, na interação. Para tais teses encontramos respaldo nas ciências cognitivas (Carvalli-Sforza, 2000; Maturana, 2001, 2002; Clark, 1992, 1996), em especial, na antropologia evolucionista (Tomasello, 1999,2003) e na linguística cognitiva (Lakoff e Johnson 1987, 1999; Johnson, 1987; Lakoff, 1990; Fauconnier e Turner, 2002; Gumperz, 1992; Fillmore, 1979, 1982; Salomão, 1997, 1999, 2006; Miranda, 2000, 2001, 2006).

Nesse enquadre, nossa argumentação central parte daquilo que nos torna humanos e distintos de qualquer espécie animal, daquilo que nos permite fazer e acumular escolhas e constituir, por meio delas, a linguagem (e as línguas) e as grandes redes de nossa herança cultural. Isso se chama **capacidade simbólica**.

Partindo da capacidade simbólica e da rede de símbolos que os homens ergueram/ erguem em sua cultura, nossos argumentos se conjugam em favor do papel das instituições e dos agentes educacionais nas escolhas dos jovens, inclusive na escolha de leituras literárias para o vestibular.

Comecemos por definir a capacidade simbólica dos homens.

O que é o símbolo?

No quadro da evolução da espécie humana, o símbolo tem história muito recente. A hipótese (Tomasello, 1999, 2003) é de que tenha surgido há 200.000 anos e de que suas raízes sejam encontradas exclusivamente na trajetória evolucionária humana. Nenhum animal teria, portanto, capacidade simbólica.

O símbolo se define como um par de forma-sentido, social e culturalmente reconhecido, após um percurso de reiteração e convencionalização. Fundamento essencial: o símbolo não se ergue na relação do sujeito com o mundo, mas essencialmente na relação do Eu com o Outro. O foco é o Outro. Com esse fundamento, o símbolo se apresenta com as seguintes propriedades:

i. **O símbolo é perspectivo**. Cada símbolo apreende uma maneira particular de ver um fenômeno, um objeto, o que significa dizer que o falante manipula a atenção do outro via escolha simbólica. Cada símbolo é uma escolha que estabelece uma determinada perspectiva sobre o objeto, sobre a cena conceptual e discursiva.

ii. **O símbolo é referencial**. Nesse sentido a referência linguística é um ato social no qual um sujeito tenta fazer com que o outro dirija sua atenção para algo no mundo.

iii. **O símbolo é intersubjetivo.** É o partilhamento de convenções reiteradas, retomadas e incorporadas ao longo da história que nos permite a interação, a troca intersubjetiva, criando os símbolos.

iv. **O símbolo é socialmente aprendido.** Tal aprendizagem se dá, essencialmente, por imitação do outro.

Assim, em termos linguísticos, construções de "tamanhos" distintos são arroladas como símbolos, como afixos *(pian-ista; marx-ista; surf-ista);* palavras (O leão é uma *fera.;* Ele é uma *fera* em informática.*);* construções sintáticas *(Não vou nem que me matem!);* expressões idiomáticas (*Tô frito!; Morreu de rir; Linda de doer*); fórmulas interacionais (*Quem fala?, De nada)* e gêneros textuais *(carta, piada, novela, romance*). O reconhecimento da natureza simbólica de qualquer unidade linguística - do morfema aos gêneros textuais - leva à afirmação das línguas específicas (Português, Alemão, Espanhol...) como **redes de símbolos** erguidos na cultura.

Essa rede simbólica tem sua gênese em uma **escolha** - um falante que, por necessidades argumentativas, escolhe dizer, por exemplo, *Nunca moveu um dedo!* em lugar de *Não fez nada; Não fez coisa alguma.* A reiteração dessa escolha, ou seja, a sua apropriação e repetição por parte de muitos falantes faz com que seu uso se convencionalize e se fixe, ao longo do tempo, passando a constituir-se como um elo em uma rede de símbolos que institui a gramática de uma língua específica, como o Português.

Tal hipótese coloca, assim, na interação, na herança cultural, na história – e não só na biologia – a fundação da cognição, da linguagem e das línguas humanas.

Com essa capacidade simbólica que se estende para além do signo verbal, erguemos criações conjuntas fabulosas, além da linguagem, tais como a religião, a política, a educação, a arte, a literatura. Tudo isso e as instituições que as sustentam e perpetuam. É essa capacidade simbólica, pois, que permite a cada ser humano entrar no jogo da cultura e, através da criação conjunta, da inventividade colaborativa criar e acumular símbolos (animais criam, mas não acumulam; não constituem herança simbólica). É assim que se dá o nomeado "Efeito catraca" (Tomasello, 1999). A metáfora usada pelo autor lembra o mecanismo da catraca que só gira para frente. Assim, fazemos a catraca girar, a cada geração, tomando a nossa herança e levando-a em frente. Dessa forma, o jogo simbólico de escolhas, que delineia cada uma das invenções humanas colaborativas (linguagem, ciência, religião, arte), se instaura nas múltiplas e distintas culturas.

É, pois, dessa rede de símbolos que qualquer usuário se vale em suas práticas sociais e discursivas. Um jogo simbólico é, assim, por exemplo, o que estou experimentando neste exato momento na elaboração deste texto. Estou aqui retomando símbolos linguísticos (palavras, frases, gênero textual) de uma rede de símbolos erguidos na cultura, que constitui a gramática, o léxico de uma língua – a língua portuguesa. Minhas escolhas buscam levar os leitores a enxergar o que eu quero lhes mostrar no mundo. Esse é um jogo que não para aí! Este texto resulta de uma mesa, em um evento acadêmico (um gênero de oralidade; também um símbolo); dentro de uma instituição acadêmica (igualmente simbólica), dentro de uma ordem discursiva (a ciência); e os membros escolhidos para essa mesa também o foram devido ao seu papel simbólico na ordem discursiva acadêmico-científica. Esse é um jogo simbólico e, como tal, nem sempre podemos fazer escolhas – temos que nos submeter. Assim, pude aqui escolher o olhar sobre o tema, mas não posso, dentro do gênero discursivo eleito (artigo acadêmico), romper com muitas das escolhas já convencionalizadas por essa ordem discursiva.

É, pois, também dessa rede simbólica que se nutre o discurso literário em seu processo de produção e de recepção. Em termos do processo de produção, o escritor exerce um jogo mais consciente e livre sobre as escolhas simbólicas, reinventando-as dentro dos limites possíveis impostos por uma língua. Em termos da recepção, a literatura se estabelece como um objeto de reflexão e crítica regido, via de regra, por instituições científico-acadêmicas e/ou pela mídia. Nesse caso, o discurso crítico e/ou o de propaganda tem papel fundamental na constituição de uma rede de ícones, assegurando a sua divulgação, reconhecimento e manutenção junto aos leitores "comuns". Foi assim que Machado de Assis, Guimarães Rosa, Drummond de Andrade, Graciliano Ramos, Manuel Bandeira, dentre tantos outros, capazes de escolhas simbólicas ímpares, se tornaram ícones de nossa herança literária. É assim também que outros, com escolhas simbólicas bem menos inventivas, vêm entrando em outras redes de escolhas.

Vale pontuar, por fim, que tal visão simbólica de nossos processos de significação, fincada não só em nossa biologia mas também na cultura, é um dos fundamentos para o parâmetro científico contemporâneo, que afirma a força da DIVERSIDADE, da DIFERENÇA. Línguas, religiões, artes, políticas, instituições são diversas; não há uma fôrma que as torne UNAS, embora tenham gênese comum na capacidade simbólica humana. Esse é o contraponto mais forte aos modelos teóricos formalistas que concebem os sentidos (e a vida) de modo previsível e transparente.

O jogo simbólico e as escolhas do vestibular

Primeiro ponto – A universidade deve fazer as escolhas de obras literárias para o vestibular?

Eu diria que sim. Por quê?

Primeiro, porque as universidades estão entre as invenções humanas colaborativas e, como um espaço por excelência de veiculação do saber, têm autoridade simbólica para tais escolhas. Sem retirar das escolas de ensino fundamental e médio a autoridade de suas próprias escolhas, cabe à universidade sinalizar o perfil de leitor desejável, preparado para um ingresso mais profundo no mundo do papel, da ciência, da tecnologia.

Segundo, porque as crianças, os jovens não entram sozinhos no jogo simbólico da cultura. Precisam ser iniciados e o serão, com o assentimento ou não dos responsáveis. Não há espaço para uma visão espontaneísta da aquisição da cultura.

Dentro do paradigma sociocognitivo e construcionista aqui assumido, os homens aprendem de duas formas (Tomasello, 1999, 2003):

i. Por imitação – A criança começa imitando os pais, os círculos vão se abrindo. Aprendem com o outro e, sobretudo, através do outro. Nesse sentido, Tomasello (1999, 2003) alerta que precisam mais de modelos que de críticas.
ii. Por instrução ativa – Os humanos são animais com uma ontogênese prolongada porque educam seus filhos. Assim, nesse viés evolucionista, **a educação é vista como estratégia da evolução.** Como os pais não podem reter seus filhos para sempre, transferem essa tarefa de instrução ativa às instituições, como a escola.

Tais formas de aprendizagem é que mantêm o giro da catraca. É dessa forma que crianças e jovens entram, em tão pouco tempo, no jogo da cultura. Para Isaac Newton, *ela* (a criança) *está de pé sobre os ombros do gigante!*, ou seja, ela está erguida sobre os ombros adultos e sobre os ombros de nossa herança cultural. Está, assim, incorporando os meios pelos quais as gerações anteriores de seu grupo social consideraram proveitoso categorizar e interpretar o mundo para fins de comunicação interpessoal (Tomasello, 2003).

Acontece, no entanto, que, em um tempo de perplexidade e de valores opacos como o que atravessamos nesta era, muitos são "os ombros" que concorrem na definição das difíceis e múltiplas escolhas dos jovens. Negar-lhes, enquanto pais ou educadores, os nossos ombros, é, pois, fazê-las reinventar a roda ou deixá-las entregues à própria sorte, sobre outros ombros nem sempre "confiáveis". É negar aquilo que nos dá a condição de humanidade – nossa capacidade de vivência colaborativa na instituição e na manutenção de redes simbólicas que sustentem uma cultura de valores humanitários. A cultura é comportamento socialmente transmitido; não individual, não genético.

Nessa direção, o discurso escolar sobre "o respeito pelo gosto, pela liberdade de escolha" representa, muitas vezes, a transferência da responsabilidade dos educadores para outros agentes da cultura (Haja vista a multidão de obras de autoajuda que circula hoje nas escolas.). Há que escolher por eles e com eles, de modo a assegurar-lhes o direito de partilhar os bens simbólicos de uma cultura. Os jovens têm que entender que, para entrar nesse jogo da herança, há o momento de escolher, de desejar, de querer, mas há o momento de submeter-se, seguir regras e compreender os símbolos que lhes foram legados.

Tal olhar nos levará, por certo, a reconhecer que as universidades têm também os seus deveres ante tal realidade. E, no que respeita à questão do jogo das escolhas ante livros, leitores e leituras, tal dever implica repensar os processos de formação inicial e continuada dos professores de linguagem, de modo a formar leitores mais críticos e capazes de guiar seus alunos para além da autoajuda (ou falsa-ajuda?), dos livros feitos sob encomenda sobre temas "jovens" em que o jogo simbólico tem muito pouco de inventividade (Que me perdoem os muitos professores-leitores cujas práticas ultrapassam esses limites.). No momento em que isso acontecer, as universidades talvez não tenham mais necessidade de pensar as escolhas para o vestibular.

Segundo ponto: centro ou periferia?

Onde está o centro, o cânon? O centro está no artefato simbólico reiterado e convencionalizado na cultura, por diferentes ordens discursivas. Partindo da responsabilidade das escolhas já delimitada neste artigo, estamos na interface entre o jogo da ciência – mais especificamente das teorias sobre o objeto literário – e o da educação. Consideremos cada um deles.

Os paradigmas da Ciência – as teorias literárias ou linguísticas, em específico – não são eternos; "são valores que sobem e descem numa Bolsa, a Bolsa da História" (Barthes, 1997, p. 29). Assim, os modelos teóricos representam escolhas; aquilo que um determinado grupo acadêmico-científico julga relevante, proveitoso colocar em evidência para mostrar, categorizar, explicar o objeto investigado. Nas palavras de Wittgenstein: "O que um Copérnico ou um Darwin descobriram não foi uma teoria verdadeira, mas antes um ponto de vista novo e fértil".

Aí, o jogo se instaura – os discursos críticos literários se erguem na história, onde as escolhas são feitas, reiteradas e consagradas. Assim, símbolos, com os valores a eles atribuídos, formam uma rede que constitui a herança literária de um povo.

Como as academias professam valores teóricos diferentes, as escolhas dentro do cânon diferem também. Em oito universidades públicas (UFMG, UFBA, UFSC, UFJF, UFOP, UNICAMP, USP, UFRGS), nas escolhas de 2007, prevalece o cânon, com algumas incursões em produções não consagradas, em uma lista de cerca de 46 autores diferentes (sem considerar as antologias). As frequências de escolha se repetem apenas para Machado de Assis (8); José de Alencar, Eça de Queirós (4); João Guimarães, Graciliano Ramos, Carlos Drummond de Andrade, José Lins do Rego, Manoel Antônio de Almeida (3) Fernando Pessoa, Gil Vicente (2).

O surgimento nessas listas de autores não consagrados não representa, em princípio, qualquer problema. É fato que as redes de símbolos se movem e se renovam em cada cultura. A questão é retirar o cânon "porque seria uma imposição de valores, em detrimento das diferentes culturas".

Tomemos como contraponto – ainda que apenas aproximado – a rede de construções simbólicas que constitui a gramática de uma língua. Erguida como invenção colaborativa na cultura, é claro que essa rede está em contínuo processo de renovação, que construções novas surgem e merecem a atenção dos linguistas. É verdade que, por longo tempo, a linguística escolheu como objeto o centro, as construções ditas canônicas, regulares, em detrimento das periféricas. É também verdade que o preconceito linguístico fixou regras, vetando as variantes periféricas. Mas tal equívoco em relação ao reconhecimento da diversidade não justifica a curvatura da vara para o lado oposto: vetar o centro e ditar, como regra, as construções periféricas. Uma coisa é descrever, explicar uma rede de símbolos ampla e diversa; outra é normatizar, prescrever, desrespeitando a **gênese coletiva** dessa rede.

Voltando às escolhas literárias ditadas aos jovens, não se trata de prescrever o cânon e vetar a periferia. Tampouco, vice-versa. Mas cabe uma assimetria nessas escolhas em que o cânon tenha mais espaço. Como vimos afirmando de modo reiterado os símbolos se erguem na cultura, implicando um tempo de uso e maturação. Retomando a epígrafe deste texto: "As culturas assemelham-se aos genomas no sentido de que ambos acumulam informações úteis de geração em geração" (Carvalli-Sforza, 2003, p. 229).

Assim, para Barthes (1997, p. 21): "A escritura se encontra em toda a parte onde as palavras têm sabor (saber e sabor têm a mesma etimologia) [...]. Este gosto das palavras é que faz o saber profundo e fecundo". Então, as escolhas têm que ter saber e sabor. A periferia pode ser o centro de amanhã? Depende do sal das palavras, da inventividade.

O segundo ponto a ser considerado é a educação. A educação vista, como já anunciado, como uma estratégia da evolução. A pergunta é: como educar nossos alunos para uma prática cidadã, em que os atos de linguagem espelhem nossos padrões civilizatórios, nossa herança? Como balizar nossas escolhas?

A rota de saída parece, por fim, ultrapassar a ordem da ciência ou da arte. Trata-se da ética. Só uma definição ética pode balizar nossas escolhas ante a tarefa educativa, nos guiar ante os medos, as dúvidas, os temores, as culpas, as fraquezas, os protestos, os desejos, os sonhos. Um modelo de ética cidadã que, diante do jovem, lhe reconheça o direito de partilhar os bens simbólicos de uma cultura – direito de entrar no jogo dos saberes, dos sabores e dos poderes. Uma ética cidadã, que imprima em nossas escolhas um olhar consciente e consequente sobre a realidade da escola fundamental e média brasileira.

Referências

AMOROSO LIMA, A. M. C. *Os sentidos múltiplos da ética, da liberdade e dos direitos: dilemas presentes no trabalho do assistente social.* 17 f. 2002. Inédito.

BARROCO, M. L. S; BRITES, M. C. A centralidade da ética na formação profissional. *Revista Temporalis*. Brasília: ABEPSS, ano 1, n. 2, p. 19-33, jul./dez., 2000.

BARTHES, R. (1978) *Aula*. São Paulo: Cultrix, 1997.

CARVALLI- SFORZA, L.L. *Genes, povos e línguas*. São Paulo: Companhia das Letras, 2003.

CLARK, H. *Arenas of Language*. Chicago: The University of Chicago Press, 1992.

CLARK, H. *Using Language*. Cambridge: Cambridge University Press, 1996.

FAUCONNIER, G.; TURNER, M. *The way we think*. New York: Basic Books, 2002.

FILLMORE, C. J. Frame semantics. In: LINGUISTIC SOCIETY OF KOREA (Ed.). *Linguistics in the Morning calm*. Seoul: Hánshin, 1982.

FILLMORE, C. J. *Innocence: a second idealizations for linguistics. Proceedings of the annual meeting of the Berkeley Linguistics Society.* Berkeley: University of California, 1979.

GOFFMAN, E. *Frame analysis*. New York: Harper & Row, 1974.

GUMPERZ, J. J. Contextualization and understanding. In: DURANTI, A.; GOODWIN, C. (Eds.). *Rethinking context:* language as an interactive phenomenon. Cambridge: Cambridge University Press, 1992.

GUMPERZ, J. J. In: DURANTI, A.; GOODWIN (Eds.). *Rethinking context: language as interative phenomenon*. Cambridge: Cambridge University Press, 1992.

HAVELOCK, E. A. (1982) *A revolução da escrita na Grécia e suas consequências culturais*. Tradução de Ordep José Serra. São Paulo: Paz e Terra S.A./ Unesp, 1994.

JACKENDOFF, R. *Foudations of Language*. New York: Oxford University Press, 2002.

JOHNSON, M. *The body in the mind*. Chicago: The University of Chicago Press, 1987.

KLEIMAN, A. B. *Os significados do letramento*. Campinas: Mercado de Letras, 1995.

LAKOFF, G. *Women, fire, and dangerous things: what categories reveal about the mind*. Chicago: The University of Chicago Press, 1987.

LAKOFF, G.; JOHNSON, M. (1980) *Metáforas da vida cotidiana*. Tradução de Vera Maluf. Campinas: Mercado de Letras, 2002.

LAKOFF, G.; JOHNSON, M. *Metaphors we live by*. Chicago: The University of Chicago Press, 1980.

LAKOFF, G.; JOHNSON, M. *Philosophy in the flesh: the embodied mind and its challenge to western thought*. New York: Basic Books, 1999.

LOPES, L. P. M. *Por uma linguística indisciplinar*. São Paulo: Parábola Editorial, 2006.

MATURANA, H. *A ontologia da realidade*. MAGRO, C.; GRACIANO, M.; VAZ, N. (Orgs.). Belo Horizonte: Ed. UFMG, 2002.

MATURANA, H. *Cognição, ciência e vida cotidiana*. MAGRO, C; PAREDES, Victor (Orgs.) Belo Horizonte: Ed. UFMG, 2001.

MINAYO, M. C. S. *Pesquisa Social*. Petrópolis: Vozes, 1994.

MIRANDA, N. S. *A configuração das arenas comunicativas no discurso institucional: professores versus professores*. 2000, 196 f. Tese (Doutorado em Educação) – Faculdade de Educação, Universidade Federal de Minas Gerais, Belo Horizonte, 2000.

MIRANDA, N. S. Educação da oralidade ou *cala a boca não morreu. Revista da ANPOLL*. Campinas: Publicações IEL, ed. 18 p. 159-182. jan./jun.2005

MIRANDA, N. S. O caráter partilhado da construção da significação. *Revista Veredas*, Juiz de Fora: EDUFJF, v. 5, n. 1, p. 57-81, jan./jun. 2001

MIRANDA, N. S. *Reflexão metalinguística no ensino fundamental: caderno do formador*: MIRANDA, N. S.; DEL GAUDIO, S. M. A.; BARROSO, T. (Colab.) – Belo Horizonte: Ceale/FaE/UFMG, 2006. 114 p. – (Coleção Alfabetização e Letramento).

RAJAGOPALAN, K. *Por uma lingüística crítica*. São Paulo: Parábola, 2003.

SALOMÃO, M. M. M. A questão da construção do sentido e a revisão da agenda dos estudos da linguagem. *Revista Veredas*, v. 2, Juiz de Fora: EDUFJF, 1999.

SALOMÃO, M. M. M. Gramática e interação: o enquadre programático da hipótese sociocognitiva sobre a linguagem. Revista *Veredas*, v. 1, Juiz de Fora: EDUFJF, 1997.

SALOMÃO, M. M. M. *Teorias da linguagem*. Universidade Federal de Juiz de Fora, 2006 (inédito).

SAUSSURE, F. (1916) *Curso de linguística geral*. São Paulo: Ao livro Técnico, 1971.

STREET, B. V. *Literacy in Theory and Practice*. Cambridge: Cambridge University Press,1984.

STREET, B. V. *Social Literacies: Critical Approaches to Literacy in Development, Ethnography, and Education*. Nova York: Longman, 1995.

TOMASELLO, M. *Constructing a language*. Cambridge: Harvard University Press, 2003.

TOMASELLO, M. *The Cultural Origins of Human Cognition*. Cambridge: Harvard University Press, 1999.

Terceira parte

ESCOLHAS DE QUEM ESCREVE E DE QUEM PUBLICA

Capítulo 9

A NÃO ESCOLHA

Leo Cunha

A proposta de falar sobre "as escolhas dos autores" funcionou para mim como uma longa sessão de análise. Olhei pra lista dos meus livros – já são mais de 40 – e percebi como são completamente diferentes entre si. Já escrevi contos, crônicas, novelas, narrativa em versos, prosa poética, poesia visual, letra de música.

Fiquei pensando um título para a minha palestra/depoimento. Pensei em algum título que apontasse dois olhares opostos sobre essa minha obra tão misturada.

Ecletismo ou relativismo? Não, ficava muito pedante.

Multiplicidade ou esquizofrenia? Não, ficava muito freudiano.

Pluralidade ou dispersão? Não, ficava muito ONG.

Acabei optando por este não título. Na verdade, imaginei que a melhor contribuição seria com uma espécie de depoimento pessoal, um pouco da minha história de leitor a escritor, e as escolhas que marcaram este caminho.

Pra mim, a Escolha é um resultado direto das Opções que a pessoa conhece na vida. Pra outras pessoas, pra outros escritores, pode ser que não aconteça assim. Mas no meu caso, pelo menos, foi exatamente isso o que aconteceu. Eu escolhi escrever livros tão diferentes porque tive a oportunidade de encontrar, ao longo da minha vida toda, principalmente na infância e na adolescência, livros de todos os tipos, tamanhos, cores, credos e cruzes.

Cresci numa casa com muitos, muitos livros. Na minha infância, a biblioteca da minha mãe tinha mais de 10 mil livros, sendo que muitos deles eram de literatura infantil e juvenil. Minha mãe era professora na FaE, na Fale e na Fafich, unidades da UFMG.

Uma das lembranças mais fantásticas que eu tenho da minha infância, pré-adolescência, foi um dia em que eu acordei e tinha um caminhão enorme despejando milhares e milhares de livros no *hall* de entrada da minha casa. Minha mãe estava promovendo uma campanha de doação de livros e revistas em quadrinho usados para distribuir nas creches. O caminhão rodou a cidade recolhendo o material e depois derramou tudo na minha sala. Eu passei uma semana com uma piscina de livros dentro de casa. Nadando em livros e revistas. Depois os livros foram sendo distribuídos, a piscina foi esvaziando, esvaziando, até que secou. Mas guardei meus favoritos, escondidos no armário.

Além disso, quando eu tinha 11 anos, minha mãe fundou a Miguilim, que se autointitulava Casa de Leitura e Livraria. E era isso mesmo. Bom, como filho da dona, eu me sentia no direito de ficar atrás do balcão vendendo livros e, mais que isso, ficava indicando livros pra todo mundo que entrava: crianças, adolescentes, pais, avós, professores, todo mundo. E eu juro que eu era um ótimo indicador de livros, porque eu lia todos os livros da livraria. Poesia, prosa, suspense, comédia, policial, aventura, terror, ficção científica, memórias, crônicas... Tudo o que as editoras lançavam.

Eu tive a felicidade de conhecer aquilo tudo. A minha geração teve essa particularidade: foi a primeira geração que já tinha, na infância e na adolescência, uma vasta produção de literatura infantil e juvenil. Livros escritos, ou pelo menos editados, para este público.

Paralelamente, também fui muito ao teatro, especialmente nas férias, que eram sempre no Rio. Toda ida ao Rio incluía obrigatoriamente uma peça no Tablado. Assisti às montagens dirigidas pela própria Maria Clara Machado: *Pluft*, *O rapto das cebolinhas*,

Tribobó City, entre outras. Também eram peças escritas e montadas para o público infantil, e com ótima qualidade. Tanto que os adultos também morriam de rir e de chorar.

O resultado desta formação tão cheia de histórias, nos livros e no teatro, é que eu descobri que existiam obras boas, ruins, medianas e ótimas em cada um desses gêneros, cada um dos estilos, e também na mistura dos estilos. Quando comecei a escrever, alguns anos depois, acredito que era inevitável que os meus textos refletissem essa salada toda.

Não acredito que essa pluralidade, ecletismo ou esquizofrenia literária seja, em si, uma vantagem nem uma desvantagem. Pode ajudar de um lado e dificultar de outro. Alguns dos meus autores preferidos foram mais fiéis a um gênero específico, ou a um estilo. Estou pensando, por exemplo, no João Carlos Marinho, de quem eu li e reli mil vezes todos os livros da coleção do Gordo. Os livros são maravilhosos, especialmente os primeiros (*O gênio do crime, O caneco de prata, Sangue fresco*), e todos têm uma estrutura muito parecida entre si. José Paulo Paes, pelo menos na literatura infantil, fez quase exclusivamente poesia, e uma poesia mais lúdica, mais brincalhona, quase nada lírica. Já outros tantos escritores que eu adoro praticamente só fizeram narrativa, não se arriscaram na poesia: Joel Rufino, Elvira Vigna, Mirna Pinsky, Orígenes Lessa. A Marina Colasanti, embora tenha alguma coisa de poesia para crianças, se especializou nos contos de fada e levou esse gênero a um nível altíssimo de qualidade e encantamento.

O lado bom do ecletismo é que, de tanto admirar essa turma, eu me meti a escrever textos parecidos, ou pelo menos inspirados nos deles. O lado ruim é que, nesta minha tendência para a dispersão, eu provavelmente não vou conseguir chegar perto do domínio que eles atingiram, em seus gêneros e estilos.

Abro parênteses para contar um caso divertido que tem tudo a ver com esta questão. Quando eu estava com uns 10 livros publicados, já bem variados, fui a uma escola de BH e, ao me apresentar aos alunos, a coordenadora ficou o tempo todo insistindo que a minha mãe era uma grande escritora, que eu tinha me inspirado nos livros dela, etc. Eu desconfio que a diretora não acreditou muito que eu tinha mesmo escrito aqueles livros. Talvez tenha achado que eu era uma espécie de *ghost writer* da professora doutora Maria Antonieta Cunha? Vai ver a minha mãe, por ser uma teórica, tinha pudor de escrever seus textos literários e então escalou o filho pra assinar os livros... Fechando parênteses.

Outro aspecto curioso desta questão das escolhas está em uma possível oposição teoria e prática. Você vai fazer literatura ou vai fazer teoria? Qual caminho vai seguir? Em 1993, eu tinha me formado em Jornalismo e em Publicidade, e tinha acabado de ganhar o primeiro lugar no João-de-Barro, com meu texto juvenil *As pilhas fracas do tempo*. Então resolvi fazer a pós-graduação na PUC Minas, em literatura infantil. No primeiro dia do curso, eu topei com a professora Graça Paulino, lá nos corredores da PUC. Ela tinha sido justamente uma das juradas do João de Barro. A Graça me viu ali e perguntou: "Uai, Leo, o quê que cê tá fazendo aqui?". "Ah, eu tô começando a especialização em literatura infantil". Ela fez uma careta assim e me alertou: "Cuidado com a teoria!".

Eu segui o conselho da Graça. Depois da especialização em literatura infantil, fiz o mestrado em ciência da informação e agora estou fazendo o doutorado em cinema. Mas com o maior cuidado!

O cuidado, talvez, esteja no fato de eu estar sempre tangenciando a literatura, nesses estudos. Sempre comendo pelas beiradas. No mestrado eu estudei a narrativa na Internet. No doutorado, estou estudando os heróis cômicos no cinema francês. As pesquisas não têm a ver, diretamente, explicitamente, com os estudos literários, mas no fundo o que me interessa em tudo isso é conhecer e estudar as diversas formas de contar uma história, de construir um personagem, de jogar com as expectativas e as emoções dos espectadores/leitores.

Retomando minha autoanálise forçada, eu desconfio que essa insistência, essa quase necessidade, de fazer teoria e fazer literatura, faz parte do mesmo movimento: minha escolha é não escolher. Com o que isso tem de bom e o que tem de ruim.

Outro dia, conversando sobre isso com a Rosa Amanda Strauzs, escritora, editora e grande amiga, ela levantou a hipótese de que o meu problema seja o seguinte: eu sou gêmeos ascendente em gêmeos, e portanto sou um sujeito de quatro caras. Pode ser, mas não acredito em astrologia.

Talvez minha escolha seja a de simplesmente fazer histórias, crônicas e poemas que me parecem divertidos, emocionantes, intrigantes, assustadores, dependendo de cada caso. Escrever sobre tudo aquilo me interessa e que eu acho que vai ser interessante para as crianças, adolescentes e adultos bem-humorados. Tenho certeza de que nem sempre eu acerto no alvo, às vezes chego perto, outras nem tanto.

Capítulo 10

A ARQUITETURA DE UM CATÁLOGO

Annete Baldi

A formação de um leitor pode ser comparada à construção de uma casa.

Primeiramente, uma casa precisa de alicerces sobre os quais será colocado o chão, base de qualquer moradia. A partir do piso, são levantadas as paredes. Enquanto sobem as paredes, as redes elétrica e hidráulica vão sendo instaladas, assim como o espaço para as esquadrias vai sendo delimitado. Sobre as paredes em pé são colocadas as vigas, que servem de estrutura para o telhado que virá a seguir.

Terminada essa parte estrutural da construção da casa, inicia-se a segunda fase: reboco nas paredes, colocação das esquadrias para o fechamento dos espaços que foram deixados abertos, pintura, colocação dos revestimentos em geral, das louças e dos metais.

A seguir, inicia-se a terceira fase da obra: a decoração. É o momento em que se colocam cortinas, tapetes, mobiliário, quadros, objetos e utensílios domésticos. É nessa fase que são feitas as escolhas mais pessoais, de acordo com os estilos e as preferências do morador.

E, então, passado algum tempo, chega-se à quarta e última fase: a manutenção. Há muitos fatores que determinam essa necessidade permanente de cuidado com a casa para mantê-la sempre em bom estado. O efeito do tempo sobre a construção é o agente externo: de tempos em tempos é preciso repintar a casa. Outro fator é o uso em si. Um reboco pode cair de tanto que a cadeira bate no canto da parede, o tapete fica ralo de tanto ser pisado. E ainda um outro fator que exige a manutenção é o defeito ou a má qualidade do material utilizado na construção: um vazamento de água pode ser o indicativo de um encanamento malfeito. Por fim, outro aspecto é a obsolescência. Alguns objetos da casa tornam-se ultrapassados e precisam ser descartados ou substituídos. Outros objetos, entretanto, são eternos. Permanecem tanto quanto o dono da casa ou muitas vezes vão além dele, eternizando-se ao passar de uma geração a outra na família. Mesmo que a família mude de casa.

A formação de um leitor também passa por algumas fases. Vejamos.

A primeira fase geralmente acontece na infância. Para a criança pequena devemos oferecer muita poesia e toda a gama de textos, inspirados na oralidade e no folclore, que a precedem e acompanham, tais como: acalantos, canções de roda, trava-línguas, lenga-lengas, parlendas, adivinhas. A poesia é a base da formação de um leitor, pois é a porta de entrada para esse mundo de sons e sentidos com suas inúmeras variações e combinações inusitadas. Um exemplo disso é o poema de Elias José (2007):

O PATO

O pato perto da porta,
o pato perto da pia,
o pato longe da pata,
o pato pia que pia.

O pato longe da porta,
o pato longe da pia
o pato perto da pata,
é um pato que nem pia.

José Paulo Paes (1996, p. 27) atribui à poesia algumas importantes funções:

> [...] mostrar a perene novidade da vida e do mundo; atiçar o poder de imaginação das pessoas, libertando-as da mesmice da rotina; fazê-las sentir mais profundamente o significado dos seres e das coisas; estabelecer entre estas a correspondência e parentesco inusitados que apontem para uma misteriosa unidade cósmica; ligar entre si o imaginário e o vivido, o sonhar e a realidade como partes igualmente importantes da nossa experiência de vida.

O conto de encantamento é outro tipo de texto básico, cujos temas têm amplo significado, pela sua permanência e pela sua riqueza de interpretações. É neles que a criança encontra sugestões em forma simbólica de como pode lidar com os grandes dramas humanos. A mensagem que essas narrativas transmitem à criança em nível inconsciente e de maneira confortadora é a de que a luta contra as dificuldades na vida é inevitável, mas que se pode dominar os obstáculos e sair "vencedor" ao final. Nesse tipo de texto não há explicações e nem mesmo a necessidade de explicações no fim das histórias, como se vê nestes dois trechos do conto *O casamento de Mane Bocó*, de Ricardo Azevedo (2001)[1]:

> Era uma vez uma viúva. Seu filho, conhecido como Mane Bocó, tinha bom coração, mas vivia fazendo besteira e aprontando as piores trapalhadas. Preocupada, a pobre mulher não sabia mais o que fazer.
>
> [...]
>
> Antes de mais nada, Mane Bocó mandou o burro voador ir pegar sua mãe. Depois, casou-se com a princesa numa linda festa que durou três dias e três noites. Dizem que os dois foram muito felizes.

Há ainda os contos modernos, que "reviram" a ordem tradicional. São geralmente divertidos e sugerem uma leitura com um viés irônico, especialmente para as crianças mais experientes, que já tenham guardadas em sua bagagem de leitores as narrativas originais nas quais se inspiram.

---

[1] Parágrafo inicial e parágrafo final do conto citado.

Mitos e lendas são também matéria para histórias a que as crianças um pouco maiores devem ter acesso. Ao contrário dos contos, a mitologia busca justamente explicar. Explicar os acontecimentos da vida, os fenômenos da natureza, a origem do mundo, também de modo simbólico e de certa forma distante da realidade, uma vez que os protagonistas são deuses e semideuses.

Por sua vez, a lenda diferencia-se dos mitos por ser um relato que se situa num tempo e num espaço, colocando em cena figuras que supostamente existiram, em lugares reais. A inserção de nomes próprios para as pessoas e para os lugares é o que garante essa mescla entre real e imaginário. A seguir um exemplo:

> "Shamhat enviou-me do outro mundo para eu te ajudar", explicou Enkidu. "Sobe nas minhas costas com teu leãozinho. Tenho algo para te mostrar." Juntos, eles voaram sobre os rios da Suméria até a cidade 3de Uruk. Gilgamesh viu seu reino de cima pela primeira vez, seus grandes templos, suas casas elegantes, os lindos jardins e, mais impressionante ainda, a majestosa muralha que ele tinha construído ao redor de tudo. [...]
>
> "Aqui, Gilgamesh, está a imortalidade que procuravas", disse Enkidu. "A cidade que construíste, a coragem que mostraste, as coisas boas que fizeste. Viverás no coração das pessoas para sempre." (Zeman, 1996)[2]

Também as narrativas do cotidiano são essenciais nessa primeira fase para proporcionar uma conexão mais direta do leitor com personagens crianças (mesmo que representados por animais ou seres inanimados), possibilitando a identificação com a sua realidade e o seu dia a dia infantil, como se vê a seguir:

> Na sua cama de criança, pouco maior que um berço, Ana lembrou que não era nada legal o dia do seu aniversário demorar tanto para chegar. Quando os adultos diziam "falta pouco", quase sempre faltava um montão. Hoje, nada parecia mais distante que o dia do seu aniversário. Essa sensação aumentou, quando Ana percebeu que nas últimas semanas já tinha ido a três festas. E em nenhuma o parabéns foi cantado pra ela. (Tasca; Portela, 2006)

---

[2] Parte final do livro *A última busca de Gilgamesh*, volume 3 da trilogia a *Epopeia de Gilgamesh*.

Outro tipo de narrativa que deve circular entre as crianças maiores é a fábula. Embora tenha surgido como objeto da filosofia e da retórica, e não da arte, o gênero tem sua importância também na formação do leitor infantil. Vigotski lembra que uma das definições de fábula – uma afirmação de teor universal reduzida a um caso particular, contado como um caso real – pode ser comparada à concepção de "ideia geral" que está presente em toda a obra de arte (o que se busca sempre é a ideia central do artista – o que ele quis dizer – num texto, num quadro, etc.) (Vigotski, 1999). Na moral da história "Por excesso de ambição podemos destruir aquilo que ambicionamos", Fernanda Lopes de Almeida (1999) faz uma referência ao fabulário nas histórias que recria, mostrando através de uma situação engraçada uma reflexão sobre o comportamento humano. A moral aparece depois da história contada, ao modo das fábulas.

O teatro, narrativa dialogada em que duas ou mais personagens interagem em um determinado espaço vivendo uma história, é outro texto importante. A dramaticidade, o cenário, o figurino são elementos que surgem além do diálogo, através das rubricas. É um tipo de construção textual que exercita o imaginário do leitor em alto grau, como se vê neste trecho:

> Todas as fadas e fadinhas estão reunidas no salão do palácio, esperando a Rainha. O medo é tão grande que só se fala cochichando. Clara Luz está sentada entre a Fada-Mãe e a Professora de Horizontologia.
>
> Fada-Mãe: (*pálida*) Minha filha, é melhor você não dizer nada. Deixe que eu e a Professora falamos, ouviu?
>
> *Entra a Rainha, seguida pelas duas Conselheiras. Faz-se um silêncio profundo. A Rainha acomoda-se no trono e depois olha para as Fadas, uma por uma.*
>
> Rainha: (*berrando*) Quem não tiver culpa fica proibida de fazer cara de culpa!
>
> Torna a olhar uma a uma. Cada cara está mais culpada que a outra. Clara Luz é a única com uma cara bem lampeira. A Rainha a descobre.
>
> *Rainha: Levante-se, menina. Você é a única que está com cara diferente! Como é o seu nome?*
>
> Clara Luz: Clara Luz, Majestade.(Almeida, 2004, cena XXIII)

Uma nova categoria de textos que aparece com mais força neste início de século é a metalinguagem.[3] Tem como foco o fazer literário, a criação do livro, levando o leitor a pensar sobre o processo criativo da escrita ficcional, sobre a função da literatura etc. Nesse tipo de texto, a criança tem acesso a questões no âmbito da linguagem:

> Uma estranha criatura vivia / no opaco planeta Caiqueria / Seu trabalho era assim: / regar frases no jardim. / Frases curtinhas, assanhadas / Frases tristes, gorduchas, zangadas / Frases faceiras, frases ligeiras / Frases magras, breves, frases arteiras. / Criatura adubava bem a plantação / com poeira de imaginação. / E esperava as frases brotarem, crescerem, florescerem. / Depois, colhia as frases em feixes, / ajeitado-as em ramalhetes.

Por fim, os livros de imagem, narrativas compostas apenas de ilustrações sem o apoio da palavra escrita, também compõem esse primeiro grupo de textos que devem fazer parte dos livros da infância. Cabe lembrar que esses livros sem texto, por contarem histórias só com imagens, não se restringem às crianças não alfabetizadas. Muitas vezes, o tema é complexo, e a compreensão do enredo exige referências e experiências prévias.[4]

Concluída essa primeira parte, de caráter mais estrutural na formação do leitor, a segunda fase vem reforçar as estruturas anteriores, dar um "acabamento" e completar a composição do todo. Nessa fase, ao leitor jovem são oferecidas crônicas e outras narrativas, tais como: aventura, mistério, horror, policial, ficção científica, além de todos os tipos anteriores da primeira fase, mas agora com outros "toques" e "retoques".

A terceira fase é aquela em que o leitor, que já está entrando na vida adulta, faz suas próprias escolhas literárias, baseado em tudo o que já experimentou antes e no que percebe que mais se encaixa com o seu gosto pessoal.

---

[3] Este foi o tema que desenvolvi na minha Dissertação de Mestrado (PUCRS, jan/2006) intitulada *Metalinguagem na literatura infantil contemporânea.*

[4] Como exemplo desse caso, o livro de LAGO; LATUFO (2004).

Finalmente, o leitor (agora já formado!) chega à última fase, quase sempre em idade mais madura. É quando ele faz suas releituras. Nessa fase é possível reafirmar o prazer das leituras anteriores ou algumas vezes revisar opiniões e pontos de vista. Como resultado, vêm os acréscimos ou são feitas exclusões em relação às suas preferências anteriores.

Vistas dessa forma, as escolhas de uma editora ao construir o seu catálogo – considerando que esse processo é algo realmente **arquitetado** pelo editor – são reveladoras do seu grau de comprometimento: em que o seu acervo contribui efetivamente para a história dos leitores a que se destina?

É preciso oferecer todos os tipos de texto, como se viu, mas não basta só pensar nos gêneros que vão compor o catálogo ou quais terão mais ênfase; é preciso também oferecê-los na melhor forma escrita, recontada, adaptada ou ilustrada possível. As escolhas das editoras de literatura infanto-juvenil são, nesse sentido, determinantes para a bem-sucedida história de leitor.

Existem muitas formas de escolher "o próximo livro a ser publicado". Algumas vezes é através da **garimpagem de um bom original**, entre os muitos que uma editora recebe. Outras vezes é através do **desenvolvimento de um projeto editorial**, que acontece quando o editor planeja uma obra ou coleção, pensando em um determinando autor e ilustrador, em um determinado nome para a coleção e título para a obra, em um formato do livro e até no número de páginas. Isso pode acontecer quando o editor segue seu próprio instinto criativo, o que nem sempre garante o sucesso do livro; ou, então, pode acontecer quando a editora segue a demanda do mercado (algo muito corrente nos tempos de hoje), o que nem sempre garante uma intenção nobre para com o leitor. Outra forma é **a indicação editorial**: a editora pode receber de alguma fonte especializada a sugestão de uma publicação. E, por fim, cabe citar as escolhas editoriais que dizem respeito à **compra de direitos de tradução**, operação que geralmente se dá através de visitas às feiras de livro internacionais.

Quanto aos critérios que norteiam essas escolhas, é preciso dizer que eles variam de uma editora para outra, criando, assim, os diferentes perfis entre as editoras. De qualquer modo, acredita-se que a maioria delas queira efetivamente aumentar o "peso na bagagem do leitor". Para isso, é fundamental a qualidade do texto, além da variedade de gêneros de que já se falou. A busca por essa qualidade passa necessariamente pelos seguintes parâmetros:

* o bom livro de literatura deve "mexer" com o leitor, deve emocioná-lo (causando vontade de rir, de chorar, etc.) ou deve causar um certo estranhamento (será que entendi?). Ou seja: um bom livro é o que proporciona o autoconhecimento, o conhecimento das coisas e dos outros que estão no mundo e o que possibilita o deparar-se com o novo;

* o bom livro deve motivar à introspecção;

* o bom livro deve conduzir o leitor para reflexões a respeito de questões subjetivas ou da realidade (valores sociais, culturais, morais). E essas reflexões podem gerar nele uma vontade de falar a respeito com outras pessoas ou não. Muitas vezes essas reflexões servem simplesmente para deixar algo a mais em nossa mente e em nosso coração;

* o bom livro deve conduzir o leitor para outros textos ou até mesmo para um mergulho para dentro do próprio texto, exercitando um olhar mais investigativo para o como ele é feito;

* o bom livro deve ser adequado, porém desafiador, em termos de forma e de conteúdo;[5]

* o bom livro não pode conter erros gráficos, ortográficos, conceituais, etc.

---

[5] Cabe aqui uma referência a José Saramago, numa entrevista a um programa de TV alguns anos atrás. Ele dizia que adultos (aí devemos incluir editores, professores, pais e outros mediadores da leitura infantil) geralmente passam a ideia de que literatura para criança é a leitura do prazer, do divertimento. O escritor português concorda que ela deve ser isso também, mas, para ele, deve ser acima de tudo a leitura do novo, do estranho. Saramago acredita que ler acima da nossa compreensão imediata parece ser o que fará diferença para nosso percurso de leitor.

Seguindo esse padrão, é bem provável que uma editora realize escolhas acertadas que possam fazer diferença na história do leitor. Escolhas que revelem respeito a esse leitor, criança ou jovem. Escolhas que vão além do óbvio e que ofereçam muito mais do que uma única possibilidade de leitura.

Referências

ALMEIDA, Fernanda Lopes de. *A fada que tinha ideias – peça teatral.* Porto Alegre: Projeto, 2004.

ALMEIDA, Fernanda Lopes de. *Três contos de muito ouro.* Porto Alegre: Projeto, 1999.

AZEVEDO, Ricardo. *Histórias de bobos, bocós, burraldos e paspalhões.* Porto Alegre: Projeto, 2001.

JOSÉ, Elias. *Lua no brejo com novas trovas.* Porto Alegre: Projeto, 2007.

LAGO, Angela; LOTUFO, Gisele. *A raça perfeita.* Porto Alegre: Projeto, 2004.

PAES, José Paulo. *Poesia para crianças.* São Paulo: Giordano, 1996.

TASCA, Mariana; PORTELA, Valéria. Ana vaivém. Porto Alegre: Projeto, 2006.

VIGOTSKI, L.S. *Psicologia da arte.* São Paulo: Martins Fontes, 1999. (Capítulos 5 e 6).

ZEMAN, Ludmila. *A última busca de Gilgamesh.* Tradução de Sérgio Caparelli. Porto Alegre: Projeto, 1996.

Quarta parte

DA SALA DE AULA ÀS ESCOLHAS

Capítulo 11

TEXTOS VISUAIS E AS MEDIAÇÕES ESCOLARES

DESENVOLVER A SENSIBILIDADE DA CRIANÇA

Ana Arlinda de Oliveira

O texto visual ainda não tem merecido lugar entre as leituras apresentadas na escola. Sendo assim, a alfabetização estética das crianças tem sido relegada, para dar lugar a uma alfabetização voltada somente para a aquisição do código escrito.

Em nosso dia a dia vivemos rodeados de textos visuais que nos influenciam mais que os textos verbais, pois nossa sociedade desenvolveu a cultura visual, que, por intermédio dos meios de comunicação, nos condiciona sobre o que devemos fazer para viver no mundo contemporâneo. Um estilo de vida nos é imposto pelas imagens – são elas que moldam nossos costumes cotidianos, que nos indicam valores e incentivam desejos. Para Hernandez (2000, p. 51)

> Vivemos inundados de uma extraordinária variedade de imagens (e imaginários) visuais. Prestar atenção a compreensão da cultura visual implica aproximar-se de todas as imagens (sem limites demarcados pelos critérios de um gosto mais ou menos oficializado) e estudar a capacidade de todas as culturas para produzi-las no passado e no presente com a finalidade de conhecer seus significados e como afetam nossas visões sobre nós mesmos e sobre o universo visual em que estamos imersos.

Nesse sentido, a alfabetização e o letramento abarcam, não somente a linguagem escrita, mas as demais linguagens. Ler textos visuais é um âmbito privilegiado para a ampliação do conceito de alfabetização e, consequentemente, do nível de letramento. Segundo Dondis (1991, p. 230)

> Alfabetismo significa a capacidade de expressar-se e compreender, tanto a capacidade verbal quanto a visual. Para atingir esse objetivo é preciso tempo, imersão e envolvimento necessários para desenvolver o alfabetismo visual e expandir o potencial de fruição do visual...

O conceito de texto visual

Para compreender o conceito de texto visual, é necessário recorrer à semiótica greimasiana, pois ela dá relevância tanto ao verbal como ao visual.

A obra visual é a representação das coisas do mundo, e sendo em primeira instância visual, passa pela observação analítica que "deve ser capaz de desembaraçar o olhar e desenvolver o discurso de sua obviedade cotidiana" (Teixeira, 1998, p. 202).

O texto visual representa para aqueles que o veem as coisas do mundo visível, que mesmo sem representar nada imediatamente reconhecível, apresentam valores plásticos expressivos.

Assim, a direção do olhar diante de um quadro, de uma fotografia, de uma escultura ou das ilustrações dos livros de literatura infantil, constrói tanto um percurso quanto um sentido. Palavras e gestos, imagens e músicas, formas, traços e volumes desenham figuras do mundo, a partir da sensibilização que lhes impõe a mediação do corpo (Greimas; Fontanille, 1993, p. 14).

É a abordagem da semiótica discursiva, segundo Tassinari (1997) que propõe, entre as múltiplas linguagens, a pintura como um texto, como um todo de sentido, analisando a distribuição dos elementos no espaço pictórico, o uso das cores e das formas empregadas e reiteradas.

A pintura é, então, um enunciado, um objeto textual que pressupõe uma instância da enunciação que pode representar a comunicação entre um enunciador (produtor) e um enunciatário (intérprete ou observador), de modo a encontrar significação.

O interior da obra de arte nos convida a participar de um diálogo estabelecido entre seus personagens, do jogo de olhares e gestos (Oliveira, 1999, p. 152); e anuncia a interação entre o enunciador e o enunciatário como uma "rede dialogal", em que todas as partes da obra se inter-relacionam e, para "além das emoções, aponta-se para o fato de que os gestos representam também idéias" (p. 162).

O objetivo da teoria greimasiana, ao enfatizar o texto visual como objeto de significação, segundo Cunha (1999, p. 160). "é estudar sua produção e interpretação como uma totalidade de sentido e, por conseguinte, preocupa-se em estudar os mecanismos que o engendram e o constituem".

Essa semiótica interessa-se por qualquer tipo de texto, independentemente de sua manifestação. Para Bastos (1997, p. 8), o texto é

> Definido por sua organização interna e pelas determinações contextuais, pode ser tanto um texto lingüístico, indiferentemente do oral ou escrito, uma poesia, um romance, um editorial de jornal, uma oração, um discurso político, um sermão, uma aula, uma conversa entre as crianças, quanto um texto visual ou gestual - uma aquarela, uma gravura, uma dança [uma fotografia, uma ilustração do livro de literatura Infantil] - ou, mais frequentemente, um texto sincrético de mais de uma expressão, uma história em quadrinhos, um filme, uma canção popular.

O texto visual se define por duas formas não excludentes e complementares: como objeto de significação e objeto de comunicação.

O primeiro resulta da análise "interna" do texto a partir de sua organização e estruturação que o torna um "todo de sentido"; e o segundo, a partir da análise externa, em um contexto sócio-histórico que lhe atribui sentido. O texto visual é capaz de produzir, no apreciador-leitor significações, pela variedade de leituras que é possível fazer desse objeto, seja ele planar, seja multidimensional.

Ler é fazer perguntas ao texto, e isso fazemos sempre, mesmo que não tenhamos refletido sobre. Nós fazemos perguntas para compreender o significado dos objetos e representações produzidos por nós, inseridos numa determinada cultura.

Martins (1994, p. 30) enfatiza que é "[...] preciso considerar a leitura como um processo de compreensão de expressões formais e simbólicas, não importando por meio de que linguagem", pois o ato de ler se refere tanto a algo escrito quanto a outros tipos de expressão do fazer humano, caracterizando-se como acontecimento histórico e estabelecendo uma relação igualmente histórica entre o leitor e o que é lido.

Dessa maneira, ler um texto visual é ler um texto, é dialogar como algo tecido em espaços, materiais, formas, cores, texturas, volumes, linhas. É compreender e interpretar sua temática, o contexto em que foi produzido, a época, e a visão de mundo com a qual foi produzido.

Em perfeita interação: literatura infantil e arte

O universo cultural de grande parte dos alunos, principalmente da escola pública, incluindo-se a educação de jovens e adultos, é bastante restrito, portanto o pouco contato com textos literários e aqueles do universo da arte, deixa muito a desejar para o desenvolvimento do letramento.

Assim, as ilustrações que acompanham o texto escrito ou fazem o enredo no livro de imagens, como afirma Werneck (1986, p. 148):

> Conferem ao livro, além de seu valor estético o apoio, a pausa e o devaneio tão importante numa leitura criadora [...], entendida como o resultado da percepção única, individual, graças às combinações perceptivas que se realizam e fazem com que nunca uma pessoa descreva o que leu exatamente como outro.

Se bem-escolhidos e explorados, os textos literários e as obras de arte podem contribuir para educar o olhar, e estimular a imaginação, pois "o código pictórico é uma representação semiconcreta, constituindo-se numa comunicação mais direta do que o código verbal escrito que se representa de forma abstrata" (Werneck, 1986, p. 148).

No universo da literatura e da arte, vários autores e ilustradores têm usado as imagens para compor suas obras. Três exemplos marcantes são: Ana Maria Machado com seu livro *Os anjos pintores – Alfredo Volpi* e *Amedeo Modigliani*, da Berlendis Editores; Ieda Dias com *Canção da menina descalça* da RHJ, e Walmir Ayala com *Era uma vez uma menina*, da série Arte para Criança, nos quais encontramos textos em prosa e verso em interação com as obras de arte de renomados pintores.

Assim como a pintura, a fotografia, as ilustrações dos livros literários, entre outros textos, sendo arte, atendem a algumas funções fundamentais para desenvolver a sensibilidade, por meio do olhar. De acordo com Camargo (1995, p. 36), cito duas delas: a função expressiva/ética, pois a ilustração expressa emoções faciais das personagens e dos elementos plásticos como a linha, cor, espaço, luz, a técnica empregada. Na função estética a linguagem visual chama a atenção pelo gesto, o contexto dramático, a intensidade das cores, a ambientação, o uso do espaço da página. Encontramos excelente exemplo em *Cena de rua,* de Ângela Lago, e *Amor de ganso,* de Regina Coeli Rennó.

Tanto as imagens produzidas pelas crianças, quanto aquelas produzidas pelo artista plástico, pelo fotógrafo, pelo escultor, pelo ilustrador dos textos literários infanto-juvenis devem ser apresentadas como textos visuais que comunicam ideias, fruto do pensamento de grupos sociais em determinado período histórico e social.

Mediações escolares: sensibilizar para a educação estética pela via dos textos visuais

A discussão sobre as diferentes linguagens na escola é hoje retomada, buscando-se privilegiar a dimensão estética e a oportunidade que a criança deve ter de conhecer, apreciar e analisar as produções humanas.

A alfabetização estética é formação em sentido pleno. A leitura de textos visuais pelas crianças significa possibilitar a capacidade de expressar-se e compreender tanto a linguagem verbal quanto a não verbal, em todas as suas dimensões.

Pilar (2003, p. 71) faz perguntas interessantes sobre a educação do olhar: Diz ela: Pode-se educar o olhar dentro da escola? Que imagens permitimos entrar na escola? Qual o significado cultural da imagem? Para ela a educação estética compreende as várias formas de leitura, de fruição que podem ser possibilitadas às crianças, tanto a partir de seu cotidiano como das obras de arte. Para a autora há uma construção de conhecimentos visuais (p. 13). O olhar de cada um de nós está impregnado com experiências anteriores, associações, lembranças, fantasias, interpretações e, a partir disso, lançamos diferentes olhares e fazemos uma pluralidade de leituras do mundo.

Segundo Hampshire (*apud* Barbosa, 1991) "a escola seria a instituição pública que pode tornar o acesso à arte possível para a vasta maioria dos estudantes, pois o "prazer da arte é a principal fonte de continuidade histórica".

A seleção de imagens a ser analisadas pelas crianças deve ser a mais diversificada que se puder oferecer e abrange desde a arte erudita, as manifestações populares e as da mídia.

É necessário lembrar que grande parte das crianças, por conta da classe social a que pertencem, não têm acesso aos bens culturais, portanto terão dificuldades em seu percurso de letramento relacionado às leituras do texto visual. Nesse sentido, a escola e seus professores seriam os principais mediadores para desenvolver essas habilidades.

Trabalhar com a leitura das "linguagens estéticas" significa poder atuar diretamente no desenvolvimento da percepção e da imaginação criadora da criança e do jovem, ampliando tanto as possibilidades de contato com o universo da arte, de maneira mais específica, quanto das possibilidades de contato com o mundo em termos mais gerais. Em sala de aula três elementos devem dialogar com a criança enquanto ela desenvolve a leitura: o processo de ensino e aprendizagem; a leitura de textos visuais e sua própria produção plástica, levando-se em conta as possibilidades das representações infantis num determinado período da vida (Buoro, 1998, p. 248).

Bourdieu, ao atribuir à escola a função de formar o homem culto afirma:

> A escola, cuja função específica consiste em desenvolver ou criar as disposições que fazem o homem culto e constitui o suporte de uma prática duradoura e intensa, ao mesmo tempo, de forma qualitativa e quantitativa, poderia compensar (pelo menos parcialmente) a desvantagem inicial daqueles que, em seu meio familiar, não encontram a incitação à prática cultural, nem a familiaridade com as obras... (Bourdieu, 2003, p. 108)

O autor afirma que, quanto mais a tarefa de transmissão cultural for abandonada pela escola e deixada à família, tanto mais escola tenderá a consagrar e legitimar as desigualdades entre os indivíduos (p. 107). Ao se eximir de trabalhar, desde os primeiros anos da escolaridade, em proporcionar a todos o contato direto com os textos visuais, a instituição escolar abdica do poder que lhe incumbe diretamente, de exercer ação continuada e prolongada, metódica e uniforme, capaz de produzir indivíduos competentes, providos de percepção, de pensamento e de expressão que são a condição da apropriação dos bens culturais.

As mediações escolares não devem ter a preocupação em reforçar patriotismo, conduta moral ou virtudes. Pela arte não se pode impor modelos ou valores adultos às crianças, a não ser aqueles que possam contribuir para a criatividade e a expressão.

A livre-expressão deve caminhar junto com o conhecimento dos textos visuais com formas e estilos já reconhecidos. A arte do outro é um elemento de aprendizagem, pois, imitando, as crianças aprendem e recriam.

Somente assim poderemos ampliar o conceito de alfabetização e desenvolver o letramento. Segundo Iavelberg (2003, p. 9):

> A arte constitui uma forma ancestral de manifestação, e sua apreciação pode ser cultivada por intermédio de oportunidades educativas. Quem conhece arte amplia sua participação como cidadão, pois pode compartilhar de um modo de interação único no meio cultural. A participação na vida cultural depende da capacidade de desfrutar das criações artísticas e estéticas, cabendo à escola garantir a educação em arte para que seu estudo não fique reduzido apenas à experiência cotidiana.

Muitos artistas se inspiraram na obra de outro artista para criar sua obra. Por que não podemos propiciar esse tipo de atividade às crianças na escola? Seria essa uma forma de leitura inicial a partir do texto visual de modo a produzir novos significados para o desenvolvimento da educação do olhar. O trabalho de construção da sensibilidade do olhar, com as crianças pode partir de uma análise primária – na qual o foco esteja na descrição e narração – de acordo com a classificação de Parsons *apud* Rossi (1992) –, para a seguir evoluir para o estágio construtivo no qual haja a reflexão para saber como é feita a obra, o que ela significa, com quais valores foi elaborada, que seriam os elementos para a consciência estética. Outra atividade é a releitura não como cópia, mas como transformação e interpretação, criação com base num referencial, num texto visual que pode estar implícito ou explícito na obra final (Pillar, 2003, p. 18). Na releitura parte-se da obra de um artista para criar um outro texto, produzindo várias leituras, pois cada releitura encontra múltiplos significados, e se estabelece um diálogo com a obra do artista. Reler é ler novamente, é reinterpretar, é criar novos significados.

Algumas considerações

A alfabetização estética de nossas crianças e jovens, por intermédio da leitura das imagens apresentadas nos livros da literatura e nas obras de arte, precisa começar desde cedo para que possam discernir sobre o caráter dos textos visuais e tenham possibilidades de atribuir significados a eles.

A atividade estética não é um meio, mas um fim em si mesma e, se produzir prazer e alegria, já é mais do que substantiva para estar presente em nossa vida cotidiana. Quando não colocamos essa instância em nossa existência, o que sobra é somente o utilitário, a obrigação, a norma, a obediência a certos valores sociais inculcados. Alves *apud* Duarte Jr. (1995, p. 13), nos avisa que

> O prazer gratuito da experiência estética e lúdica foi banido da escola. E se alguém dúvida que olhe para os rostos amedrontados dos nossos moços [...] atormentados pela exigência da eficácia, fazendo coisas sem entender e sem rir... Dizer que a educação é uma atividade irmã do brinquedo e da arte é denunciar a repressão, relembrar o paraíso perdido, anunciar a possibilidade da alegria, rejeitar experiências fragmentadas, buscar a experiência perdida da cultura, dilacerada pela sistemática administração da vida que em nome da eficácia, quer gerenciar todas as coisas.

O papel dos mediadores escolares com relação ao texto visual deve ser possibilitar aos alunos que, ao tomar contato com os universos literário e artístico, aprendam a gostar deles ao longo da existência; para tanto, esses mediadores também necessitam desenvolver o olhar sensível, de modo que tenha entusiasmo por adquirir conhecimentos sobre as artes visuais e permita aos alunos a produção, a apreciação e a reflexão desses textos.

Werneck aponta algumas direções importantes para as mediações escolares com relação às imagens na escola. Para ela, o livro de figuras, com sua linguagem direta, proporciona a intimidade do leitor analfabeto, que pode dirigir o seu pensamento em seu próprio ritmo. Quanto mais imagens de real valor artístico e menos volume de texto, mais cedo a criança ou o jovem semialfabetizado compreende a linguagem e a mensagem dos livros. As ilustrações que incluem detalhes que enriquecem a imaginação infantil podem contribuir para o desenvolvimento do leitor. A variedade de ilustrações, desde que seja de boa qualidade, aguça a percepção, desenvolve a observação e forma no jovem leitor uma espécie de proteção contra o bombardeamento diário de materiais visuais estereotipados (Werneck, 1986).

A mediação para a literatura e a arte, vale para todas as disciplinas escolares, que ao propiciar o contato com as diversas linguagens visuais, seja nos livros, seja nas obras, possam desenvolver o letramento estético, valorizando a cultura dos grupos, o respeito às produções sócio-historicamente produzidas.

O que é essencial para o leitor de textos visuais é que ele possa ser capaz desenvolver seu modo de olhar, levando em consideração o contexto, o processo histórico, as visões de mundo, tanto sua como a do autor, pois a leitura de textos visuais é uma aventura em que a cognição e a sensibilidade se interpenetram para o enriquecimento de nossa interioridade e nosso diálogo com o mundo.

Referências

ALVES, Rubem. A utilidade e o prazer: um conflito educacional. In: DUARTE JUNIOR, João Francisco. *Fundamentos estéticos da educação*. Campinas, SP: Papirus, 1995.

AYALA, Walmir. *Arte para crianças - Dacosta. Era uma vez uma Menina*. 2. ed. Rio de Janeiro: Berlendis & Vertecchia, 1986.

BARBOSA, Ana Mãe. *Teoria e prática da educação artística*. São Paulo: Cultrix, 1975.

BARROS, Diana Luz Pessoa de. *Teoria semiótica do texto*. 3. ed. São Paulo: Ática, 1997.

BOURDIEU, Pierre; DARBEL, Alain. *O amor pela arte: os museus de arte na Europa e seu público*. Tradução de Guilherme João de F. Teixeira. São Paulo: Zouk, 2003.

CAMARGO, Luís. *Ilustração do livro infantil*. Belo Horizonte: Lê, 1995.

DIAS, Ieda. *Canção da menina descalça*. 8. ed. Belo Horizonte: RHJ, 1993.

DIAS, Lincoln G. Desenho: uma aproximação semiótica. *Cadernos de discussão do IV Colóquio do centro de pesquisas sociossemióticas*, n. 1 São Paulo: PUC/USP, 1998.

DONDIS, Donis A. *Sintaxe da linguagem visual*. São Paulo: Martins Fontes, 1991.

DUARTE JUNIOR, João Francisco. *Fundamentos estéticos da educação.* Campinas: Papirus, 1995.

GREIMAS, A. Figurativa e semiótica plástica. *Significação*, jul. 1984.

HERNANDEZ, Fernando. *Cultura visual, mudança educativa e projeto de trabalho.* Porto alegre: ArtMed, 2003.

LAGO, Ângela. *Cena de rua.* 2. ed. Belo Horizonte: RHJ, 1994.

MACHADO, Ana Maria. *Os anjos pintores: Alfredo Volpi e Amedeo Modigliani.* São Paulo: Berlendis Editores, 1997.

MARTINS, Maria Helena. *O que é leitura.* São Paulo: Brasiliense, 1994.

OLIVEIRA, Ana Arlinda. *Entre o castigo e a alegria lúdica: leitura semiótica sobre o corpo da criança em textos visuais de Gervane de Paula.* Monografia (Especialização em Teorias e Práticas Semióticas) - Universidade Federal do Mato Grosso/Instituto de Linguagens, 2006.

OLIVEIRA, Ana Claudia M. A. de. *Fala gestual.* São Paulo: Perspectivas, 1992.

PILLAR, Analice Dutra. Leitura e releitura. In: PILLAR, Analice Dutra. *A educação do olhar no ensino das artes.* 3. ed. Porto Alegre: Mediação, 2003.

RENNÓ, Regina. *Amor de ganso.* Curitiba: Arco-Íris, 1995.

ROSSI, Maria Helena Wagner. *Imagens que falam - leitura da arte na escola.* 2. ed. Porto alegre: Mediação, 2003.

WERNECK, ReginaYolanda. O problema da ilustração no livro infantil. In: KHÉDE, Sônia Salomão. *Literatura infanto-juvenil - um gênero polêmico.* Porto Alegre: Mercado Aberto, 1986.

Capítulo 12

DA SALA DE AULA PARA AS PÁGINAS DOS LIVROS

Sônia Travassos

Sinto-me ainda uma autora iniciante, com muitos caminhos a percorrer. No entanto, há vinte anos trabalho na promoção da leitura e da literatura como educadora e especialista em literatura infantil e juvenil, e muito conheço e acompanho a produção dessa literatura no nosso país. Portanto, discutir as várias escolhas que perpassam o caminho de um livro até a sua chegada nas mãos do leitor é algo que verdadeiramente me interessa. Até porque trabalho diariamente com jovens leitores, também fazendo minhas escolhas como professora e observando as escolhas dos alunos. O que esta turma vai gostar de ler? Por que estes alunos não gostaram deste livro? Eu não pensei que esta turma ia gostar tanto deste livro! Nossa, este livro deu super certo! O que eu preciso fazer para os alunos embarcarem nessa leitura e descobrirem a sua beleza? E por aí vai. A difícil tarefa da escolha está intimamente ligada ao meu dia a dia como professora, como especialista, e, agora, também como autora.

E para falar de minhas escolhas como autora, recorro novamente a minha experiência como educadora. Meu primeiro livro, *Bicho-papão pra gente pequena, Bicho-papão pra gente grande,* editado pela Editora Rocco, nasceu de uma experiência de leitura e escrita com meus alunos, de seis e sete anos, na biblioteca da Escola Edem, no Rio de Janeiro. Como professora, pude perceber ao longo dos anos que um dos tipos de história mais queridos dos alunos do ensino fundamental 1 são as histórias do folclore, histórias que mexem com o imaginário e com sentimentos inerentes a qualquer ser humano: os desejos, os medos, os sonhos, os perigos, o bem, o mal, a vida e a morte. À medida que fui percebendo isso, fui incluindo ao longo do ano algum projeto que envolvesse histórias populares. Numa das vezes, observei que no folclore brasileiro havia a presença de vários personagens de assombração, que tinham em comum um fato: assustar crianças. Isso daria um ótimo projeto, pensei. E fiz a escolha. Escolha feita, era hora de compartilhar essas leituras com os alunos. Como professora, pensei: como será que as crianças vão reagir ao ouvir histórias de bichos-papões criados na imaginação popular para assustar crianças? Que tipo de discussão poderemos ter a partir do contato com essas histórias? Que sentimentos e pensamentos eu poderei estar despertando nos alunos? Eu tinha algumas dúvidas de como a coisa toda se daria, mas achava realmente que aquela seria uma rica experiência, justamente porque iria mexer com sentimentos e atitudes comuns às crianças. E foi. Escolhi ler autores como Ricardo Azevedo, Elias José, Flávio de Souza, além de Câmara Cascudo, que transpõem com originalidade para as páginas de seus livros toda a riqueza de sentimentos e pensamentos presentes na cultura popular. E, assim, o projeto foi seguindo seu rumo. Personagens como a Cuca, a Cabra-Cabriola, o Papa-Figo, o Homem do Saco, entre outros, foram sendo apresentados às crianças através de textos descritivos, narrativos e poéticos. Ao ouvir as histórias, os alunos sempre se colocavam, diziam o que fariam se topassem com algum daqueles personagens, se os pais deles faziam ou não uso daqueles personagens para intimidá-los ou mesmo protegê-los nas situações do dia a dia familiar, etc. Num certo dia, uma criança me perguntou: só existe bicho-papão pra assustar criança? Devia existir pra assustar os pais! A ideia da criança era perfeita. E, como professora, não perdi a oportunidade de partir para essa criação. Da leitura para a escrita. O projeto fecharia como uma luva. E fechou.

Os alunos passaram a criar papões para assustar os pais em situações do dia a dia familiar impostas a eles pelos pais: ir ao banheiro antes de dormir, comer a comida até o fim, desembaraçar o cabelo, ficar de castigo sem ver TV, dormir cedo, etc. Usando a fantasia, esses pequenos leitores deram forma, através das palavras, a algo que os incomodava. Os papões criados (o Xicama, o Mão de Sopa, o Castevê, entre outros) expressam, na verdade, o desejo da criança de mudar aquilo que a incomoda e que muitas vezes ela não consegue dizer. No universo da fantasia, porém, ela é capaz de se expressar sem receios e sem culpas. E foi o que este projeto me confirmou mais uma vez.

Quando o projeto terminou, a ideia de transformá-lo em livro cresceu em mim. Por que não? A ideia, se bem trabalhada, poderia se transformar num bom livro e chegar à leitura de muitos outros leitores. E foi aí que eu realmente parti para escrever meu primeiro livro. Não era um texto encomendado, como as muitas matérias para revistas infantis que eu costumava escrever naquela época. Nem eram contos que eu escrevia para mim mesma. Era um texto que eu queria escrever para ser lido por outros leitores, que eu tinha o que dizer, que eu achava importante dizer para o público infantil. Essa era a minha primeira escolha. O que escrever e por que escrever. Então eu pensei num texto que mostrasse os dois lados da moeda: os papões para assustar crianças e os papões para assustar gente grande. O lado do adulto e o lado da criança. Seria um livro de personagens – os do folclore e os inventados. Dessa forma, eu juntaria todo o processo que vivi, enquanto professora, com meus alunos. Mas eu não queria apenas um livro descritivo, eu queria a presença da personagem criança. Então criei duas personagens narradoras: uma mãe e uma filha, e são elas que apresentam, do seu ponto de vista, as duas galerias de papões.

Temas como o medo, as relações familiares, os limites do dia a dia, os sentimentos mais escondidos que podemos ter, são assuntos importantes de serem levados à criança através da literatura. Nesse contato com a literatura, a criança pode descobrir muitas coisas, entrar em contato com sentimentos importantes, e, assim, ir organizando o seu mundo, entendendo-o melhor, ampliando-o cada vez mais. No entanto, a literatura não é feita apenas de temas. Eu tinha um tema, tinha até algumas ideias já inventadas pelas crianças, mas não era suficiente. É aí que surge uma nova escolha: como escrever, que linguagem usar para expressar algo que eu acho importante, sem ser didática, sem fazer julgamentos, sem passar nenhum tipo de lição? Ao contrário, como ser lúdica, como falar do ponto de vista da criança, como deixar no texto espaço para o leitor imaginar, dialogar, pensar, sentir? Como tocar o leitor criança significativamente? Como usar as palavras de forma que permitam que o leitor mergulhe naquele universo criado? Isso é o que importava para mim quando decidi escrever para publicar. Era isso o que eu sempre buscava e continuo buscando, quando escolho um texto literário para ler para meus alunos, e era isso o que eu começava a perseguir como autora.

O texto saiu, depois de algumas revisões e sugestões de amigos escritores, mas o livro mesmo só pulou para as prateleiras das livrarias bem depois. Estamos falando de escolhas e eu, como todo autor iniciante, precisei entregar meu texto nas mãos de diferentes editores. Uns gostavam, mas não podiam publicar por razões diversas; outros não queriam o texto e simplesmente diziam que não combinava com a sua linha editorial; alguns fizeram críticas positivas, outros negativas, e o engraçado é que o que um achava justamente o ponto alto do texto, o outro achava o contrário... Enfim, escolhas. Depois de quase dois anos, consegui publicar o texto pela Editora Rocco, e agora ele está aí seguindo o seu caminho. Recebi muitas críticas positivas, mas o livro não entrou na seleção do PNBE deste ano, por exemplo. Não importa. O importante para mim é perceber que, quando o leio para as crianças, elas vibram com os personagens, desejam tê-los em suas vidas, falam de seus medos e dos seus desejos, riem das situações com as quais se identificam... Enfim, leem.

Quando o livro foi lançado, como continuo trabalhando como professora, tive a oportunidade de lê-lo para meus alunos de hoje. A corrente então continuou: eles ouviram e leram o livro e resolveram criar novos papões. Não para assustar crianças, nem os pais, pois estes já estavam escritos, mas monstros para assustar as professoras nas coisas do cotidiano escolar. Novamente a leitura levou à escrita, à expressão do desejo de mudar aquilo que incomoda, e tudo isso, através da fantasia e das palavras.

Tem gente que escreve sem pensar para que público está escrevendo. Simplesmente escreve. Acho que essa liberdade é muito importante, mas, no meu caso, quando escrevi meus dois livros, eu pensei na criança que iria ler. Mesmo que um adulto ou um jovem também viesse a ler, o que seria ótimo, na verdade, eu pensei no leitor criança. No jeito que ele fala, nas preocupações que ele tem, nos seus desejos, na sua forma de ver o mundo e tentei de alguma maneira colocar isso nos personagens e nas situações vividas por ele. O fato de eu ser educadora e conviver diariamente com crianças me faz ficar muito próxima do universo delas, de seus conflitos, do seu modo de ver a vida. Tenho procurado levar essas percepções para os livros que venho tentando escrever, além dos já publicados e, talvez por isso, eu tenha gostado de escrever tendo a criança como personagem. A criança que sente, que ri, que fica chateada, que briga, que faz manha, que é curiosa, que leva bronca, que sonha, que tem medo, que fica alegre, que implica... Enfim, a criança. Essa, com certeza, é uma escolha que venho fazendo nesse meu início de estrada. Falar de crianças para crianças. Explorar esse mundo infantil, que há muito eu deixei para trás, mas que ainda pulsa dentro de mim. Foi assim, por exemplo, que surgiu o Anderson,do livro *Cauê no Rio*, que escrevi em parceria com a escritora Luciana Sandroni. Um menino do subúrbio carioca, que sonhava conhecer as belezas de sua cidade. Um garoto comum, que briga com a irmã, que insiste para a mãe realizar todos os seus desejos, que tem suas vontades e que tem a capacidade de acreditar nos seus sonhos.

Outros temas também me interessam, além do próprio universo infantil, e acho mesmo que tudo cabe na literatura infantil, desde que não se perca o olhar da criança. Monteiro Lobato está aí para nos provar isso. Sem perder a fantasia, falou de tantas coisas... De ciências, da história, da guerra, da filosofia, do mundo... Com humor e aventura, colocou Pedrinho, Narizinho, Emília e Visconde para viverem inúmeras situações de descobertas, de perigos, de impasses, de emoção, de novos conhecimentos, de imaginação. Nosso grande mestre da literatura infantil brasileira já nos mostrou isso há tempos: olhar a criança como um ser capaz de pensar, de interagir com o mundo em que vive, mas que deve ser respeitado naquilo que tem de mais verdadeiro – a sua fantasia. Com certeza, suas escolhas foram muito acertadas e, com certeza, servem de modelo e inspiração para uma escritora em início de carreira, como eu.

Iniciei minha fala me colocando como uma autora iniciante e uma educadora já com um certo caminho andado. Esses dois caminhos se misturaram, e não sei mais dizer onde um acaba e onde o outro começa. Muitas vezes me pego observando os alunos, suas conversas, seus conflitos, e penso: isso daria uma boa história... Rapidamente, em minha mente, transformo aquilo em personagens. Alguns já estão indo para o papel, outros se perdem em meio a inúmeros pensamentos e percepções que passam como um filme em minha cabeça.

Mas de uma coisa eu tenho absoluta certeza. Seja como professora, seja como autora, há uma experiência que jamais poderei deixar de lado e que me impulsiona sempre para frente em qualquer caminho que eu pretenda seguir: a experiência de ser uma leitora. Os livros que li na minha vida me trouxeram até aqui. Foi por ser leitora, por ter descoberto tantas coisas através da leitura, que quis um dia virar professora de literatura infantil e juvenil e, mais adiante, experimentar ser também uma escritora. Quando, como leitora, viajo num texto de um Lobato, de uma Lygia Bojunga, de um Bartolomeu e de tantos outros, não tenho dúvidas das escolhas que fiz. É sempre uma felicidade me encontrar com e nas palavras de tantos excelentes autores.

Para terminar gostaria de citar o último livro que li: *A menina que roubava livros*, de Markus Zusak. Nesse livro, o autor conta uma história linda, passada numa época muito triste – a Segunda Guerra Mundial. Mas no livro, o autor aborda muito mais do que os sofrimentos de uma grande guerra. O livro fala muito mais do que o dia a dia de uma menina de doze anos nos duros anos de uma guerra. Ele fala, na verdade, da força das palavras. Palavras que podem salvar, palavras que podem fazer sofrer, palavras que explicam, palavras que tentam entender, palavras que acalmam, palavras que incitam, palavras que fazem pensar, palavras não ditas, palavras sentidas... Palavras que vivem dentro e fora dos livros ao mesmo tempo. Palavras. Acho que é nisso que acredito. E é por isso que continuo escolhendo-as.

Capítulo 13

POR QUE LER OS CONTOS DE FADAS EM SALA DE AULA

POR QUE NÃO LI OS CONTOS DE FADAS EM SALA DE AULA?

Ana Cristina Pimenta da Costa Val

Para que eu possa discorrer sobre as minhas escolhas como professora de língua materna e de literatura do 3º ciclo da rede municipal de BH, é necessário remontar à conferência de abertura proferida por Magda Soares na 2ª edição do *Jogo do Livro Infantil e Juvenil* no ano de 1997 e à minha formação como leitora desde o ensino fundamental até o curso de graduação em Letras.

Em *A Escolarização da Literatura Infantil e Juvenil* (Evangelista; Brandão; Machado, 2001), Magda Soares afirma que sempre e inevitavelmente a literatura se escolariza, quando dela se apropria a escola, que é infundado negar ou criticar a ocorrência desse fato. De acordo com Magda, as críticas devem ser direcionadas à maneira como esse processo de escolarização acontece, pois, se a literatura é escolarizada de maneira equivocada, o literário é deturpado, falsificado, distorcido.

Dois exemplos de escolarização literária malsucedida citados por Magda Soares interessam-me nessa discussão - a fragmentação inadequada dos textos literários reproduzidos nos livros didáticos e a utilização, nesses manuais, de partes de textos literários para a realização de diferentes atividades instrutivas - justamente, por sentir que atividades como essas foram bastante prejudiciais à minha formação como leitora em minha vida escolar.

Durante o ensino fundamental, interessava-me pelos textos presentes nos livros didáticos. Lembro-me de ter lido crônicas ou contos de Rubem Braga, Fernando Sabino, Carlos Drummond de Andrade, entre outros escritores brasileiros, publicados nos manuais utilizados nas aulas de português.

A prática de apresentar apenas fragmentos de uma crônica, de um conto ou capítulo de um livro sem que o início ou o final seja reproduzido em outras partes da obra e ausência de informação tanto por parte da obra quanto do professor sobre as atitudes a serem tomadas pelos alunos, caso desejassem prosseguir a leitura dos fragmentos reproduzidos nos manuais frustra, drasticamente, um contato inicial minimamente satisfatório para a formação de um leitor literário juvenil, porque retira a oportunidade de conhecer integralmente um texto literário. Como consequência, o aluno pode ter uma visão bastante equivocada da literatura, que, com certeza, desestimula a curiosidade sobre a literatura, haja vista que o aluno é levado a acreditar ser esse objeto de conhecimento apenas um amontoado de pequenos textos desprovidos de sentido.

Ao lado dos danos dessas fragmentações, a utilização do texto literário para a realização de exercícios de simples localização de informações ou sobre ortografia e classes de palavras, igualam o texto literário a qualquer outra tipologia textual, pois tanto faz utilizar uma crônica ou um texto publicitário, se o objetivo é desenvolver um nível elementar de leitura ou ensinar as classes de palavras. Tanto a utilização do texto literário como um mero pretexto para atividades instrutivas quanto os prejuízos causados pelas fragmentações inadequadas revelam que os livros didáticos não favorecem o desenvolvimento de uma prática de leitura literária, devendo haver um esforço próprio do professor, caso seja esse o seu objetivo. Como, no ensino fundamental, não tive algum professor que se preocupasse em formar leitores literários, não conseguia desenvolver sozinha a prática e o gosto pela leitura literária.

Outro fator que sinto ter sido bastante prejudicial a mim, foi ter sido sempre instruída a ler as obras dedicadas ao público infanto-juvenil, que àquela época constituíam a Coleção Vaga-lume. Quando lia os livros indicados pelo professor, considerava o enredo bastante simples, as atitudes e os pensamentos das personagens superficiais, mas, como necessitava de uma orientação específica, que inexistia, e infelizmente, ainda inexiste na escola, não avançava nas leituras de textos literários. Não estou, de maneira alguma, recriminando a indicação dessas obras para os alunos, mas a insistência de somente indicar livros destinados ao público infanto-juvenil no ensino fundamental, como se o jovem não fosse capaz de ler, entender e apreciar um clássico da literatura brasileira ou universal. Por que tive de ler *Tonico e Carniça*, *O mistério da borboleta Atíria* e *O mistério do Cinco Estrelas* e não fui orientada a ler *Menino de engenho*, de José Lins do Rego, *A terra dos meninos pelados* ou *Infância*, de Graciliano Ramos, *Clarissa, de* Érico Veríssimo? Somente os iniciados são capazes de ler essas obras? Como um adulto pode apreciar um clássico da literatura brasileira ou universal se a escola não ofereceu a ele condições mínimas de desenvolver as leituras dessas obras? Privar o jovem de conhecer clássicos da literatura brasileira ou universal, nesse período de sua vida escolar, é impedi-lo de ter acesso à cultura canônica brasileira e sonegar conhecimentos importantes e necessários à sua formação cultural, de um aprendizado, a princípio árduo, mas capaz, de num futuro próximo, proporcionar o conhecimento de um prazer sofisticado. O contato satisfatório com a literatura poderá, posteriormente, incentivar o conhecimento de outras formas de arte como música e cinema.

Felizmente, no ensino médio tive professoras que indicavam clássicos como *O cortiço*, de Aluísio de Azevedo, *Ana Terra*, de Érico Veríssimo, *Contos de aprendiz*, de Carlos Drummond de Andrade, *O grande mentecapto*, de Fernando Sabino e poemas de Manuel Bandeira para atividades de leitura. Em razão de as professoras promoverem debates e reflexões sobre os textos lidos, em sala de aula, senti-me entusiasmada a ler outros títulos dos autores indicados e conhecer, posteriormente, outros autores da literatura brasileira.

No meu curso de graduação em Letras, pude entender por que não realizei uma leitura autônoma de clássicos modernistas como *Pau-Brasil* e *Macunaíma*, nos estudos preparatórios para os exames de vestibular. Graças às informações recebidas no período de faculdade, pude entender, apreciar as ideias de Oswald de Andrade, me divertir com as aventuras de Macunaíma e entender por que ele é o nosso herói sem nenhum caráter. Será que somente um professor universitário está habilitado a proporcionar esse aprendizado e esse deslumbramento para os estudantes de graduação em Letras? Evidentemente que não, desde que, de um lado, o professor esteja devidamente preparado, utilize uma linguagem acessível e, por outro lado, exista a boa vontade do aluno em desenvolver essa habilidade, os professores de ensino fundamental e médio são capazes de formar leitores literários.

Considerando a importância das aulas de literatura, para minha formação como leitora literária, sempre acreditei e defendi a ideia de que os alunos podem e devem ler clássicos da literatura universal ou brasileira no ensino fundamental. Justifico a minha tese com algumas palavras de Italo Calvino (1993), em *Por que ler os clássicos*:

> [...] a escola deve fazer com que você conheça bem ou mal um certo número de clássicos dentre os quais (ou em relação aos quais) você poderá depois reconhecer os "seus" clássicos. A escola é obrigada a dar-lhe instrumentos para uma opção: mas as escolhas que contam são aquelas que ocorrem fora e depois de cada escola.

Embora conceda ao leitor a liberdade de constituir o seu próprio cânone de clássicos, Calvino considera fundamental que essas leituras tenham sido realizadas primeiramente na escola.

Por que escolhi e como trabalhei os contos de fadas em sala de aula

No ano de 2004, iniciei meu trabalho como professora da 1ª etapa do terceiro ciclo (antiga 6ª série) no turno da tarde, da

Escola Municipal Professor Pedro Guerra, na região de Venda Nova, em Belo Horizonte. Deparei-me com alunos desprovidos dos conhecimentos mínimos de uma cultura letrada infanto-juvenil, como as personagens de clássicos infantis como *Pinóquio*, *Alice no país das maravilhas*, *Peter Pan*, *Os três porquinhos*, obras de Monteiro Lobato e o conhecimento das personagens da Turma da Mônica, de Maurício de Sousa, e da Disney. Esse desconhecimento é, naturalmente, um dos aspectos reveladores do baixo índice de letramento dos alunos.

Desejosa de desenvolver a leitura de clássicos literários, optei por textos de extensão razoável, integrantes do cânone da literatura ocidental: os contos de fadas, que poderiam, perfeitamente, ser lidos e discutidos, em pequeno número de aulas.

Na 2ª etapa do terceiro ciclo, no ano de 2005, iniciei esse trabalho, utilizando três contos — *João e o pé de feijão*, de Joseph Jacobs, *A bela adormecida*, de Charles Perrault, e *Rapunzel*, de Os Irmãos Grimm. Os contos foram divididos em partes, aos quais eram destinadas questões de interpretação de textos, que possibilitaram iniciar a discussão sobre algumas questões referentes à teoria da literatura, necessárias à compreensão de especificidades do texto literário necessárias à formação de um leitor de literatura.

A opção por *João e o pé de feijão*, de Joseph Jacobs, deve-se ao fato de ser uma história facilmente conhecida pelos alunos. Pretendia, de imediato, apresentar aos alunos João, como um dos tipos de heróis presentes nesses contos, e a figura do ogro, conhecido até então, como um bicho verde que salva princesas, tal como os alunos deduziram da exibição do filme *Shrek*.

Por meio de questões de interpretação e releitura de determinados fragmentos, os alunos constataram ser o ogro um monstro que se alimenta de seres humanos. Perceberam, também, que, apesar de João salvar sua mãe da miséria, não se configura como um herói tradicional, cujas atitudes são valorosas, porque não enriquece acumulando bens resultantes de um trabalho digno, mas roubando e assassinando o ogro.

A constatação de que João seria, de fato, um anti-herói, possibilitou-me mostrar aos alunos a pretensa amoralidade presente nos enredos dos contos de fadas, muitas vezes, subtraída das versões dirigidas ao público infantil, e esclarecer que a literatura não é um objeto do conhecimento constituído apenas por histórias pautadas em exemplos de uma moral edificante.[1]

A versão de *A bela adormecida* (TATAR, 2004), de Charles Perrault, foi eleita porque, a princípio, permitia retomar a figura do ogro, manifesto, agora, na figura da rainha-mãe, apresentar a continuidade da história, depois de a princesa ter sido despertada pelo príncipe – episódio que não consta da versão de os Irmãos Grimm, e, praticamente não é divulgado nas versões comerciais destinadas ao público infantil — mostrar como os gestos específicos de determinadas personagens podem ser utilizados para dizer sobre a realidade humana, apresentar a recorrência e a razão de a luta do bem contra o mal existir nessa história e iniciar a discussão sobre os estereótipos do príncipe e da princesa nos contos de fadas.

Questionada sobre o motivo por que somente o rei e a rainha não permaneceram no castelo depois de a princesa Aurora ter adormecido, expliquei tratar-se de um recurso utilizado pelo texto para possibilitar o crescimento, a maturidade da princesa, que deixaria o lugar de filha para assumir o papel de esposa e de

---

[1] A adaptação de *João e o pé de feijão*, pela Avenida Gráfica e Editora, de Jaraguá do Sul, de Santa Catarina, viola a versão tradicional dessa história. No início desse conto, por exemplo, o gigante rouba a harpa mágica e os bens do pai de João, fazendo-o morrer pobre. João troca a vaca pelos feijões com um açougueiro. Depois de o pé de feijão ter crescido, João sobe no pé de feijão, por gostar de aventuras. Chegando ao céu, encontra o castelo com as portas abertas e o gigante dormindo. Pega de volta a harpa e a galinha pertencentes ao seu pai. Corta o pé de feijão, após descer por ele, fazendo o gigante cair, mas, permanecendo vivo. João e sua mãe vivem felizes e sem dificuldades financeiras, porque a galinha e a harpa mágica foram restituídas à família. O acréscimo desses episódios retira a possibilidade de os roubos praticados por João, os diálogos estabelecidos com a esposa do ogro, a proteção de João por essa personagens, o fato de João esconder-se no forno, por duas vezes, e proporcionar o conforto material à sua mãe com os bens furtados do Ogro sejam vistos como metáforas das etapas do crescimento pessoal de João, como explica BETTELHEIM (2004).

mãe, logo após ser despertada pelo príncipe. Desejei mostrar a eles que foi utilizada uma metáfora para sinalizar a necessidade de afastamento das figuras paterna e materna para a passagem da infância para a vida adulta acontecer.

Pude também chamar a atenção dos alunos para um tema recorrente nos contos de fadas – a luta do bem contra o mal – verificada no descumprimento das ordens da rainha-mãe pelo mordomo, que protegia o pequeno Dia, a pequena Aurora e a Rainha, recusando matá-los para servi-los como refeição à ogra. Cientes da vitória do bem sobre o mal, como pode ser verificado no suicídio da ogra, propus aos alunos refletirem sobre a relação entre a supremacia do bem e a possibilidade de o conto ter um final feliz considerando o seguinte fragmento: "O rei não deixou de se entristecer um pouco: afinal ela era sua mãe. Mas logo se consolou com sua linda mulher e seus dois filhos" (Tatar, 2004, p. 111).

Tentei mostrar a eles que haveria uma tentativa de imprimir um final feliz ao conto, porque, o rei fica triste por pouco tempo, consolando-se rapidamente com sua esposa e filhos. Expliquei, então, que o rápido consolo do rei estaria relacionado à tentativa de imprimir um final moralizante ao conto, para mostrar ao leitor que aqueles que optam pelo Mal estão condenados ao castigo, como pode ser verificado no suicídio da ogra. A ausência de rancor e a devoção do Rei à sua família, por sua vez, estariam vinculadas à tentativa desse conto em criar um estereótipo de príncipe como o cavaleiro corajoso, dono de sentimentos nobres, que serviria como um modelo de virtude para as crianças leitoras.

O conto *Rapunzel* (Tatar, 2004, p. 109-117) foi escolhido em razão de alguns gestos específicos das personagens possibilitar os conceitos de verossimilhança e de pacto de leitura e o motivo pelo qual o conto *Rapunzel* teve a passagem relacionada à gestação e ao parto de gêmeos, extirpada pelos Irmãos Grimm. Além desses aspectos, *Rapunzel* proporcionaria, juntamente, com *A bela adormecida*, a representação dos estereótipos do príncipe e da princesa, utilizada na finalização do trabalho.

As aparentes incoerências presentes no enredo de *Rapunzel*, como a entrega da filha pelos pais à feiticeira em troca dos pés de alface consumidos durante a gravidez, o fato de alguém ter cabelos tão grandes e fortes pelos quais um homem poderia subir, apenas a cegueira ser a consequência da queda do príncipe da torre, a cura da cegueira pelas lágrimas da esposa foram utilizadas para explicar a eles o conceito de verossimilhança. Expliquei a eles que situações impossíveis de existir em nossa realidade empírica e presentes no conto podem perfeitamente acontecer em um texto literário, em razão de ser uma manifestação artística que utiliza as palavras e não possui a obrigação de reproduzir a verdade à semelhança de um jornal ou de um documentário. Deve, porém, manter pontos de contato com a realidade empírica para conquistar a credibilidade do leitor. O sujeito-leitor, por sua vez, deve aceitar como verdadeiras as pretensas disparidades do conto, enquanto o autor finge estar acreditando ser verdade o que escreve. Mostrei a eles, nesse momento, o que seria o pacto ficcional e a necessidade de estabelecer esse pacto com o texto literário (Eco, 1994).

Após a explanação desses conceitos, propus aos alunos refletir por que o parto e a gravidez de Rapunzel não eram bem explicados pelo conto. Informei a eles que o diálogo travado entre a feiticeira e Rapunzel no momento da desconfiança da ravidez foi eliminado pelos Irmãos Grimm na tentativa de imprimir um tom moralizante a um conto que deveria ser destinado a crianças.[2]

[2] Na nota de número 9, referente ao conto *Rapunzel*, Maria Tatar explica que a pergunta de Rapunzel à feiticeira sobre a razão de ser mais difícil de içá-la do que o príncipe substitui o questionamento presente, na primeira versão dos Contos de Fadas dos Grimm, sobre os motivos de as roupas estarem apertadas e não servirem mais. Tatar explica que a substituição das perguntas procura eliminar a sugestão de que os encontros diários com o príncipe haviam conduzido à gravidez, que, por sua vez, foi considerada, pelos Irmãos Grimm, imprópria para crianças. Na nota de número 10, Tatar explica que o fato de a feiticeira referir-se a Rapunzel como *esposa queridinha*, no momento em que o príncipe tenta entrar no quarto à procura de Rapunzel, é também recurso utilizado pelos Irmãos Grimm para não sugerir que os filhos gêmeos nasceram fora do casamento.

Analisando os traços comuns dos príncipes e das princesas de *A bela adormecida* e de *Rapunzel*, os alunos perceberam que os príncipes são bonitos, corajosos, apaixonados e os responsáveis por atitudes significativas nos enredos. As princesas também são bonitas, mas, ao contrário dos príncipes são passivas, pois somente a atitude de um príncipe modifica a sua realidade. Já a leitura de *João e o pé de feijão* e de *A bela adormecida* mostra ser o ogro um monstro, que se alimenta de seres humanos, podendo, ou não, assumir a forma humana. A definição desses perfis possibilitou demonstrar aos alunos que os modelos de príncipe, princesa e ogro obedecem a um estereótipo em razão de possuírem, com pequenas variações, as mesmas características, como pode ser verificada na leitura de diferentes contos de fadas.

Cientes do que seriam os estereótipos do príncipe, da princesa e do ogro, propus aos alunos definir os perfis dessas personagens, caso fosse redigido um conto de fadas, que desejasse romper com esses estereótipos. Exibi, então, o filme *Shrek*, para os alunos perceberem, em um primeiro momento, que o humor presente no filme resulta, justamente, da quebra dos estereótipos do príncipe, da princesa e do ogro nos contos de fadas. O meu segundo objetivo seria a percepção por parte dos alunos de que um filme dirigido, principalmente, ao público infanto-juvenil dialoga com a temática estudada em sala de aula, que, por sua vez, integra um repertório cultural clássico, anteriormente desconhecido por eles.

Valeu a pena ter lido os contos de fadas em sala de aula

João e o pé de feijão, de Joseph Jacobs, *A bela adormecida*, de Charles Perrault, e *Rapunzel*, dos Irmãos Grimm foram escolhidos para que eu pudesse realizar, em sala de aula, atividades de leitura que proporcionassem aos alunos a experiência do literário. Creio ter alcançado esse objetivo, haja vista terem as discussões possibilitado-me apresentar aos alunos questões pertinentes à teoria da literatura, como a própria definição de literatura, em *João e o pé de feijão*, a relação entre ficção e realidade, manifesta por meio da metáfora do crescimento da princesa Aurora, em *A bela adormecida*, os conceitos de verossimilhança e pacto de leitura explicados em função de algumas especificidades de *Rapunzel*. Acredito ter oferecido ao aluno, que participou com seriedade dessas discussões, as condições mínimas necessárias para que ele possa ler um texto literário como uma manifestação artística, entendendo e, até mesmo, sabendo apreciar suas aparentes incoerências.

Ao lado dessa tentativa de iniciar uma formação literária, o acesso à versão integral dos contos de fadas, cuja originalidade é, geralmente, subtraída das versões impressas destinadas ao público infanto-juvenil, possibilitou, muito provavelmente, um contato inicial satisfatório com o texto literário. Sinto-me feliz também por proporcionar aos alunos a experiência de ler um texto clássico na juventude, período bastante oportuno para a realização dessas leituras, segundo Italo Calvino, e, de na medida do possível, ter esforçado para que a escola seja o espaço de iniciação dos alunos na leitura de textos clássicos, de acordo ainda com o raciocínio do crítico italiano.

Ao fazer os alunos reconhecerem o diálogo estabelecido entre os contos de fadas estudados e o filme Shrek, acredito ter despertado a atenção para o fato de que a literatura dialoga com uma animação veiculada tanto na mídia cinematográfica quanto na televisiva, amplamente assistida pelos estudantes, que, anteriormente, ignoravam o intertexto entre o filme e os contos.

Sugiro aos professores realizarem exercícios de leitura de contos de fadas ou de outros clássicos literários em sala de aula. Com certeza, não sensibilizaremos todos os alunos nem formaremos o número de leitores que gostaríamos. Mas, se despertarmos o gosto de um aluno pela literatura, por não termos realizado a escolarização equivocada do texto literário nem incorrido nos erros de profissionais que dificultaram o nosso contato com a literatura, a nossa tentativa já terá sido válida.

Referências

BETTELHEIM, Bruno. *A psicanálise dos contos de fadas*. São Paulo: Paz e Terra, 2004.

CALVINO, Italo. *Por que ler os clássicos*. Trad. Nilson Moulin. São Paulo: Companhia das Letras, 1993.

ECO, Umberto. *Seis passeios pelos bosques da ficção*. Tradução: Hidelgard Feist. São Paulo: Companhia das Letras, 1994.

EVANGELISTA, Aracy Alves Martins; BRANDÃO, Heliana Brina; MACHADO, Maria Zélia Versiani (Orgs.). *Escolarização da leitura literária*. 2. ed. Belo Horizonte: Autêntica, 2001.

TATAR, Maria (edição, introdução e notas). *Contos de fadas: edição comentada e ilustrada*. Tradução: Maria Luiza X. de A. Borges. Rio de Janeiro: Zahar, 2004.

AUTORES

Ana Arlinda de Oliveira

Doutora em Educação pela UNESP, professora do Instituto de Educação da Universidade Federal de Mato Grosso. Pesquisadora da linha Culturas Escolares e Linguagem e líder do Grupo de Estudos e Pesquisas em Leitura e Letramento (GEPLL) do PPGE/UFMT.
E-mail: *aarlinda@terra.com.br*

Ana Cristina Pimenta da Costa Val

Graduada em Letras e mestre em Estudos Literários pela Universidade Federal de Minas Gerais. Professora do 3º ciclo da Rede Municipal de Belo Horizonte.
E-mail: *acrisvall@yahoo.com.br*

Annete Baldi

Mestre em Teoria da Literatura pela Pontifícia Universidade Católica do Rio Grande do Sul. Diretora editorial da Editora Projeto.
E-mail: *editora@editoraprojeto.com.br*

Aparecida Paiva

Doutora em Literatura Comparada pela Universidade Federal de Minas Gerais, onde atualmente é professora associada da Faculdade de Educação (FaE/UFMG). Coordenadora dos seguintes programas governamentais na área da Educação: Programa Nacional do Livro Didático, Língua Portuguesa (PNLD); Programa Nacional de Biblioteca da Escola (PNBE) e Rede Nacional de Formação Continuada de Professores. Pesquisadora do Grupo de Pesquisas do Letramento Literário (GPELL) do Centro de Alfabetização, Leitura e Escrita (Ceale) da FaE/UFMG.
E-mail: *paiva.aparecida@gmail.com*

Aracy Alves Martins

Doutora em Educação pela Faculdade de Educação da Universidade Federal de Minas Gerais (FaE/UFMG). Professora do Departamento de Métodos e Técnicas de Ensino (DMTE) e do Programa de Pós-Graduação em Educação da FaE/UFMG. Pesquisadora do Grupo de Pesquisas do Letramento Literário (GPELL) do Centro de Alfabetização, Leitura e Escrita (Ceale) da FaE/UFMG e do Núcleo de Estudos sobre Relações Raciais e Ações Afirmativas (NERA).
E-mail: *aracyamartins@gmail.com*

Graça Paulino

Doutora em Letras (Ciência da Literatura) pela Universidade Federal do Rio de Janeiro. Participante do corpo docente dos cursos de graduação em Pedagogia, em Letras e de Pós-Graduação em Educação da Universidade Federal de Minas Gerais (UFMG). Atualmente é professora associada da Faculdade de Educação da UFMG. Pesquisadora do Grupo de Pesquisas do Letramento Literário (GPELL) do Centro de Alfabetização, Leitura e Escrita (Ceale) da Faculdade de Educação da UFMG.
E-mail: *grpaulino@uaivip.com.br*

João Luís Ceccantini

Doutor em Letras. Professor da Faculdade de Ciências e Letras de Assis da Universidade Estadual Paulista (UNESP). Coordenador do grupo de pesquisa Leitura e Literatura na Escola e do grupo de trabalho Leitura e Literatura Infantil e Juvenil da Associação Nacional de Pós-Graduação em Letras e Linguística (ANPOLL).
E-mail: *ceccantini@uol.com.br*

José Américo Miranda

Doutor em Literatura Comparada pela Universidade Federal de Minas Gerais (UFMG). Professor associado de Literatura Brasileira da Faculdade de Letras da UFMG e coordenador do Núcleo de Estudos de Literatura Brasileira dessa mesma instituição.
E-mail: *bmaj@uol.com.br*

Leo Cunha

Mestre em Ciência da Informação pela Universidade Federal de Minas Gerais (UFMG) doutorando em Cinema na mesma instituição. Professor Assistente no UNI-BH. Autor de vários livros de literatura para crianças e jovens.
E-mail: *leocunha2@globo.com*

Lígia Cademartori

Doutora em Teoria da Literatura. Ex-professora da Universidade de Brasília e da Universidade de Caxias do Sul. Crítica literária do Correio Braziliense.
E-mail: *balthar@terra.com.br*

Luiz Carlos Junqueira Maciel

Mestre em Literatura Brasileira pela Universidade Federal de Minas Gerais. Professor do Curso Promove, em Belo Horizonte.
E-mail: *caiojmaciel@hotmail.com*

Magda Soares

Professora emérita da Faculdade de Educação da pela Universidade Federal de Minas Gerais (FaE/UFMG). Pesquisadora

fundadora do Centro de Alfabetização, Leitura e Escrita (Ceale) da FaE/UFMG.
E-mail: *mbecker.soares@terra.com.br*

Maria de Lourdes Dionísio

Doutora em Educação. Professora associada do Instituto de Educação da Universidade do Minho, em Portugal. Pesquisadora da linha Literacias – Práticas e Discursos em Contextos Educativos (CIEd/UMINHO).
E-mail: *mldionisio@iep.uminho.pt*

Maria Zélia Versiani Machado

Doutora em Educação pela Faculdade de Educação da Universidade Federal de Minas Gerais (FaE/UFMG). Professora do Departamento de Métodos e Técnicas de Ensino (DMTE) e do Programa de Pós-Graduação em Educação da FaE/UFMG. Pesquisadora do Grupo de Pesquisas do Letramento Literário (GPELL) do Centro de Alfabetização, Leitura e Escrita (Ceale) da FaE/UFMG e coordenadora da área das linguagens no curso Pedagogia da Terra da FaE/UFMG.
E-mail: *zeliav@terra.com.br*

Neusa Salim Miranda

Doutora em Educação pela Faculdade de Educação da Universidade Federal de Minas Gerais. Professora da Faculdade de Letras da Universidade Federal de Juiz de Fora. Coordenadora dos grupos de pesquisa (CNPq) Gramática e Cognição e Práticas de Letramento.
E-mail: *neusasalim@oi.com.br*

Rildo Cosson

Doutor em Letras. Pesquisador do Grupo de Pesquisas do Letramento Literário (GPELL) do Centro de Alfabetização, Leitura e Escrita (Ceale) da Faculdade de Educação da Universidade Federal de Minas Gerais. Membro do programa Ações Afirmativas na mesma instituição.
E-mail: *rcosson@gmail.com*

Sônia Travassos

Especialista em Literatura Infantil e Juvenil (UFRJ). Autora de livros de literatura infantil.
E-mail: *soniatravassos@terra.com.br*

Vera Teixeira de Aguiar

Doutora em Letras, pesquisadora do CNPq. Professora do Programa de Pós-Graduação em Letras da Pontifícia Universidade Católica do Rio Grande do Sul.
E-mail: *veaguiar@portoweb.com.br*

Qualquer livro do nosso catálogo não encontrado nas livrarias pode ser pedido por carta, fax, telefone ou pela Internet.

Rua Aimorés, 981, 8º andar – Funcionários
Belo Horizonte-MG – CEP 30140-071

Tel: (31) 3222 6819
Fax: (31) 3224 6087
Televendas (gratuito): 0800 2831322

vendas@autenticaeditora.com.br
www.autenticaeditora.com.br

Este livro foi composto com tipografia Gatineau e impresso em papel Off set 75 g na Formato Artes Gráficas.